I0887302

Conversaciones difíciles

SERIE INTELIGENCIA EMOCIONAL DE HBR

Serie Inteligencia Emocional de HBR

Cómo ser más humano en el entorno profesional

Esta serie sobre inteligencia emocional, extraída de artículos de la *Harvard Business Review*, presenta textos cuidadosamente seleccionados sobre los aspectos humanos de la vida laboral y personal. Estas lecturas, estimulantes y prácticas, ayudan a conseguir el bienestar emocional en el trabajo.

Mindfulness
Resiliencia
Felicidad
Empatía
El auténtico liderazgo
Influencia y persuasión
Cómo tratar con gente difícil
Liderazgo (Leadership Presence)
Propósito, sentido y pasión
Autoconciencia
Focus
Saber escuchar
Confianza
Poder e influencia
IE Virtual
Energía y motivación
Buenos hábitos
Inclusión
Perseverancia
Gestiona la ansiedad
Curiosidad
Seguridad psicológica
Positividad y crecimiento
Cómo controlar el pensamiento excesivo

Otro libro sobre inteligencia emocional de la *Harvard Business Review*:

Inteligencia Emocional, 3ª edición

Conversaciones difíciles

SERIE INTELIGENCIA EMOCIONAL DE HBR

Reverté Management
Barcelona · México

Harvard Business Review Press
Boston, Massachusetts

Descuentos y ediciones especiales

Los títulos de Reverté Management (REM) se pueden conseguir con importantes descuentos cuando se compran en grandes cantidades para regalos de empresas y promociones de ventas. También se pueden hacer ediciones especiales con logotipos corporativos, cubiertas personalizadas o con fajas y sobrecubiertas añadidas.

Para obtener más detalles e información sobre descuentos tanto en formato impreso como electrónico, póngase en contacto con revertemanagement@reverte.com o llame al teléfono (+34) 93 419 33 36.

Conversaciones difíciles
Serie Inteligencia Emocional de HBR
Having difficult conversations
HBR Emotional Intelligence Series

Original work copyright © 2025
Harvard Business School Publishing Corporation
All rights reserved.

© Editorial Reverté, S. A., 2025
Loreto 13-15, Local B. 08029 Barcelona - España
revertemanagement.com

Fecha de publicación: julio 2025

Edición en papel
ISBN: 978-84-10121-28-7

Edición ebook
ISBN: 978-84-291-9885-0 (ePub)
ISBN: 978-84-291-9886-7 (PDF)

Editores: Ariela Rodríguez / Ramón Reverté
Coordinación editorial y maquetación: Patricia Reverté
Traducción: Genís Monrabà Bueno
Revisión de textos: M.ª del Carmen García Fernández

Estimado lector, con la compra de ediciones autorizadas de este libro estás promoviendo la creatividad y favoreciendo el desarrollo cultural, la diversidad de ideas y la difusión del conocimiento. Al no reproducir, escanear ni distribuir ninguna parte de esta obra por ningún medio sin permiso estás respetando la protección del copyright y actuando como salvaguarda de las creaciones literarias y artísticas, así como de sus autores, permitiendo que Reverté Management continúe publicando libros para todos los lectores. En el caso que necesites fotocopiar o escanear algún fragmento de este libro, dirígete a CEDRO (Centro Español de Derechos Reprográficos, http://www.cedro.or). Gracias por tu colaboración.

Impreso en España - *Printed in Spain*
Depósito legal: B 11704-2025
Impresión: Liberdúplex
Barcelona - España

#143

Contenidos

Conversaciones difíciles

HBR EMOTIONAL INTELLIGENCE SERIES

1

Cómo gestionar conversaciones difíciles en el trabajo

Rebecca Knight

Las conversaciones difíciles (sean para comunicar a un cliente que un proyecto se ha retrasado o para llevar a cabo una incómoda evaluación de rendimiento) son parte fundamental de la gestión empresarial. ¿Cómo puedes prepararte para este tipo de conversaciones? ¿Cómo hallar las palabras adecuadas para cada momento? ¿Cómo manejar ese intercambio para evitar malentendidos?

Qué opinan los expertos

«Todo el mundo ha tenido malas experiencias con este tipo de conversaciones», afirma Holly Weeks, autora de *Failure to Communicate*.[1] Tal vez tu jefe te haya hablado de mala manera en una reunión acalorada, o un miembro de tu equipo se haya echado a llorar durante una evaluación de rendimiento. Puede incluso que un cliente te haya colgado el teléfono sin despedirse. Ante esto, la reacción más común suele ser evitar el contacto en lo sucesivo. Sin embargo, no es la mejor estrategia. Después de todo, «las conversaciones difíciles no son inusuales en el entorno laboral», señala Jean-François Manzoni, profesor de Recursos Humanos y Desarrollo Empresarial en INSEAD. La clave está en aprender a manejarlas en el momento para obtener «mejores resultados, es decir, menos sufrimiento para ti y para la otra persona», apunta Manzoni. A continuación, te mostramos cómo adquirir las herramientas necesarias para abordar estas conversaciones difíciles sin dañar tus relaciones.

Cambia de mentalidad

Si estás preparando una conversación que ya has etiquetado como «difícil», es probable que te dominen los nervios y el mal humor desde el primer momento. En lugar de eso, intenta «enfocarla de una manera más positiva y menos polarizada», sugiere Manzoni. Por ejemplo, no se trata de dar una evaluación negativa del desempeño, sino de mantener una conversación constructiva sobre el desarrollo de un proyecto. Tampoco estás rechazando una petición de tu jefe, sino proponiéndole una alternativa. «Una conversación difícil suele fluir mejor cuando la abordas como una charla común y corriente», recomienda Weeks.

Prepara un plan, no un guion

Para planificar lo que quieres decir puede serte de gran ayuda tomar notas o apuntar los puntos clave antes de la conversación. Sin embargo, elaborar un guion es una pérdida de tiempo. «Es muy poco probable que la conversación se desarrolle acorde a tu guion», asegura Weeks. Tu interlocutor se encuentra «ajeno al papel que debe interpretar, así que, en cuanto se salga del guion, perderás cualquier ventaja» y la conversación se volverá extrañamente artificial. Tu estrategia debería ser «flexible» y contemplar «un repertorio de posibles respuestas», añade. Y el lenguaje tendría que ser «sencillo, claro, directo y neutral».

Ten en cuenta el punto de vista de tu interlocutor

No entres en una conversación difícil con una actitud de «o se hace a mi manera o nada». Antes de abordar el tema, Weeks te recomienda plantearte dos preguntas: ¿cuál es el problema? Y ¿cuál cree la otra persona que es el problema? Si no conoces con seguridad el punto de vista de tu interlocutor, «comunícaselo y pregúntale al respecto». «Demuéstrale a la otra parte que su opinión tiene importancia —dice Manzoni—. Muestra tu interés en entender cómo se siente y tómate el tiempo que necesites para procesar sus palabras y su actitud», añade. Después de escuchar a la otra parte, busca las coincidencias de puntos de vista.

Actúa de forma compasiva

«La experiencia demuestra que este tipo de conversaciones suele tensar las relaciones laborales, lo cual puede resultar doloroso», afirma Manzoni. Por eso, conviene abordar los temas sensibles siempre desde la empatía. Sé amable, muestra compasión. «Puede que no sea una situación agradable, pero es posible comunicar noticias difíciles con valentía, honestidad y sentido de la equidad». Al mismo tiempo, «evita dejarte llevar por las emociones», advierte Weeks. Lo peor que puedes hacer «es intentar que la otra persona sienta compasión por ti. No digas cosas como *me siento muy mal por decirte esto*, o *esto es muy duro para mí* —señala—. No adoptes el papel de víctima».

No tengas prisa y presta atención

Para no echar más leña al fuego en un momento tenso, Manzoni recomienda intentar «bajar el ritmo» de la conversación. Hablar con más calma y tomarte un momento antes de responder «te da la oportunidad de encontrar las palabras adecuadas» y, a menudo, ayuda a disipar las emociones negativas de tu interlocutor. «Si de verdad escuchas a la otra persona, es más probable que abordes los temas adecuados y que la conversación fluya mejor», añade. Además, «asegúrate de que tus acciones respalden tus palabras», advierte Weeks. Decirle a alguien que le prestas toda tu atención mientras deslizas el dedo por la pantalla del móvil resulta humillante.

Ofrece algo a cambio

Si vas a tener una conversación que «pondrá a la otra persona en una situación difícil o le hará perder algo», pregúntate: «¿Hay algo que pueda aportar a cambio?», sugiere Weeks. Por ejemplo, si debes despedir a alguien con quien has trabajado durante años, podrías decir: «He preparado una carta de recomendación que considero muy sólida. ¿Te gustaría revisarla?». Si necesitas decirle a tu jefe que no puedes asumir cierta tarea, ofrece una alternativa viable. «Actúa de forma proactiva —aconseja Manzoni—. Nadie quiere problemas». Presentar alternativas «no solo ayuda a la otra persona a ver una salida, también trasmite respeto».

Reflexiona y aprende

Después de una conversación difícil, merece la pena «analizar en retrospectiva» qué funcionó y qué no, sugiere Manzoni. «Reflexiona sobre qué se esconde tras tus reacciones y considera qué podrías haber expresado de manera diferente». Weeks también aconseja observar cómo otras personas afrontan con éxito estas situaciones y aprender de sus estrategias. «Reducir las propias defensas emocionales es una habilidad que puedes desarrollar mediante la observación y la práctica

—señala—. Manejar bien una conversación difícil no es solo una destreza, también un acto de valentía».

Recuerda

Estrategias positivas:

- Haz descansos frecuentes a lo largo del día; cuanta más tranquilidad y equilibrio tengas, mejor podrás manejar las conversaciones difíciles cuando surjan.
- Ralentiza el ritmo de la conversación; esto te permitirá elegir mejor las palabras y enviarle a tu interlocutor la señal de que le estás escuchando.
- Actúa de forma constructiva, proponiendo soluciones o alternativas viables.

Estrategias negativas:

- Etiquetar la conversación como «difícil» en tu mente; en vez de eso, enmarca el diálogo de manera positiva o neutral.

- Redactar un guion detallado sobre cómo debe desarrollarse la conversación; si te ayuda, anota algunos puntos clave, pero mantente flexible y con actitud abierta a lo que surja.
- Ignorar la perspectiva de la otra persona; pregunta siempre cómo ve el problema y busca áreas de coincidencia entre ambos puntos de vista.

REBECCA KNIGHT es periodista especializada en la evolución de las carreras profesionales y el entorno laboral. Sus ensayos y reportajes han sido publicados por *Boston Globe*, *Business Insider*, *The New York Times*, la *BBC* y *Christian Science Monitor*. En 2023, fue seleccionada como finalista para una beca del Reuters Institute de la Universidad de Oxford. Al comienzo de su carrera, trabajó diez años como editora y reportera en el *Financial Times* en Nueva York, Londres y Boston.

Nota

1. Holly Weeks, *Failure to Communicate: How Conversations Go Wrong and What You Can Do to Right Them* (Boston: Harvard Business Press, 2008).

Reeditado del contenido publicado en hbr.org
el 9 de enero de 2015 (producto #H01TF0).

2

Un plan de acción para esa conversación que intentas evitar

Liane Davey

¿Estás evitando una conversación difícil pero importante? ¿Es posible que no te sientas con la suficiente preparación para dar feedback negativo a un colega o que todavía dudes si admitir un error que has cometido? En cualquier caso, es bastante probable que tu temor se incremente con el paso de los días, conforme imaginas un escenario peor detrás de otro. Cargar con un problema sin solución es como cargar con una deuda. Al final, siempre tienes que vaciarte los bolsillos (es decir, tener esa conversación difícil), y todo ese tiempo de retraso incrementará los intereses, que terminarás pagando con ansiedad y angustia.

Si la idea de tener que pagar ese «impuesto de la ansiedad» no es suficiente, piensa en otras razones para afrontar una conversación difícil más pronto que tarde. En primer lugar, cuanto más esperes, más complicada se volverá la situación. Además, si no pones ejemplos concretos, la conversación puede desviarse con facilidad hacia lo emocional y los juicios personales; y eso la volverá mucho más difícil que afrontar los hechos.

Por otro lado, cuanto más tiempo transcurra desde el inicio de un problema, más incómoda y torpe se volverá la conversación. Dar feedback demasiado tarde suele provocar respuestas del tipo: «¿Por qué no me lo dijiste antes?». Del mismo modo, si postergas asumir una responsabilidad, corres el riesgo de que la situación se complique aún más y el daño se multiplique. Esa demora también puede interpretarse como un intento de eludir responsabilidades. En cualquier caso, aplazar una conversación difícil deteriorará la confianza en una relación, mientras que abordarla a tiempo, antes de que escale, más bien la reforzará.

Aun así, y aunque existen muchas razones para abordar una conversación difícil de forma inmediata, en algunos casos es mejor esperar. Por ejemplo, si el asunto puede provocar emociones intensas en cualquiera de las partes, es más adecuado tomarse un tiempo para recuperar la calma y reflexionar sobre lo que de verdad quieres comunicar. Asimismo, si te encuentras en una situación en la que no puedes permitirte frenar el ritmo de trabajo, aguarda hasta que amaine el temporal y luego aborda el tema, explicando por qué decidiste esperar. Por ejemplo, si tienes una fecha de entrega a la vuelta de la esquina, tal vez no sea el mejor momento para dar feedback a un colega; podría afectar a todo el equipo por ser demasiado directo. En este caso se puede esperar hasta finalizar la tarea para evitar cualquier conflicto que repercuta en los demás miembros del equipo. De todas formas, en la mayoría de los casos deberías abordar las conversaciones difíciles tan pronto como sea posible.

Antes de meterte de lleno en la conversación, plantéate por qué tienes dificultades para hablar del asunto. Con frecuencia evitamos dar un mensaje difícil por miedo a incomodar o herir los sentimientos de la otra persona. Sin embargo, ese enfoque suele ser contraproducente. Me gusta usar el siguiente ejemplo para ilustrarlo: si ves a alguien con un trocito de espinaca entre los dientes y no se lo dices para no avergonzarlo, en realidad lo estás exponiendo a una situación aún más embarazosa al dejar que continúe sin saberlo. Lo más considerado sería señalárselo de forma discreta. Lo mismo se aplica si las presentaciones de un colega de equipo son muy largas, actúa de forma demasiado brusca con los demás o se atribuye ideas ajenas. Guardar silencio solo le hará seguir perjudicando su imagen profesional, e incluso la del equipo.

Si debes tratar un asunto que será incómodo para el receptor, preocúpate por dar el mensaje con tacto. Al abordar la conversación con una intención constructiva, comunicar tu mensaje con delicadeza y tener disposición a escuchar la perspectiva del otro, descubrirás que la charla es mucho menos incómoda de lo que imaginabas. Y recuerda que no dar un feedback que puede mejorar el desempeño de un colega no es una buena obra, sino una negligencia.

Otra razón por la que podrías estar evitando una conversación difícil es el temor a desencadenar una reacción defensiva o incómoda. Y es una preocupación lógica. Sin embargo, puedes reducir ese riesgo si te preparas con antelación. Tómate el tiempo necesario para estructurar con claridad lo que deseas comunicar. Anota cómo abordarías el tema y compártelo con alguien de confianza para obtener una perspectiva externa. Procura que tu mensaje sea lo más objetivo posible; esto disminuirá la probabilidad de provocar reacciones defensivas. Evita hacer juicios de valor y enfócate en hechos concretos. Así, en lugar de decir: «Te comportaste de una forma muy irrespetuosa conmigo en esa reunión», puedes optar por decir: «Me interrumpiste en tres ocasiones durante la reunión». Cuanto más precisas y verificables sean tus observaciones, más probable será que la conversación se mantenga en un tono profesional y constructivo.

Cuando sepas con exactitud lo que quieres decir, vale la pena comentarlo por encima con la otra persona. Según mi experiencia, no es la mejor opción que alguien acuda a ciegas a una conversación difícil. De modo que, por ejemplo, un par de horas antes mándale un mensaje avisándole sobre los temas que quieres tratar. Puedes decir algo tan simple como lo siguiente: «Me gustaría hablar contigo sobre la presentación del martes». Dale tiempo para que reflexione sobre el tema, pero no demasiado margen como para ponerse en lo peor. Eliminar la conmoción inicial reducirá las posibilidades de que la conversación se te vaya de las manos.

SI ALGUIEN TE ABORDA PARA TENER UNA CONVERSACIÓN DIFÍCIL

Si alguien se te acerca para tener una conversación difícil sin previo aviso —tanto si eres nuevo en esto de la gestión de respuestas como si ya tienes experiencia al respecto—, resulta muy útil contar con distintas respuestas preparadas de antemano. Seguir esta «lista de réplicas» organizada por categorías puede venirte muy bien. Al afrontar una situación potencialmente negativa, dominar estas tácticas te permitirá proteger una relación valiosa o neutralizar una amenaza a tu credibilidad.

> ***Redefine:*** describe la situación desde otra perspectiva. Modifica las palabras o acciones de la otra persona de un modo que favorezca futuras interacciones. Si alguien dice: «No quiero discutir por esto», una reformulación

(Continúa)

SI ALGUIEN TE ABORDA PARA TENER UNA CONVERSACIÓN DIFÍCIL

adecuada podría ser: «Esto es un intercambio de ideas, no una discusión. Y, si no me falla la memoria, sabes desenvolverte bien en este tipo de situaciones».

Reformula: trasmite el mismo mensaje con un lenguaje distinto y con menos carga negativa. Si alguien te acusa de haber hablado de forma demasiado directa en una reunión, podrías responder: «Lo que pasó es que me importa mucho ese tema». Si te acusan de terquedad, puedes responder: «Soy muy firme cuando algo es clave para el éxito». Es decir, en lugar de dejar pasar términos imprecisos u ofensivos, sugiere alternativas más justas.

Revisita: recupera un logro pasado para reinterpretar un tropiezo presente. Si quienes participan en la conversación tienen un historial de colaboración positiva, conviene recordarlo para reforzar la capacidad de entendimiento mutuo: «Hemos trabajado muy bien en equipo hasta ahora. No hay motivo para que eso cambie».

Replantea: aclara o modifica las afirmaciones con carga negativa. Todo el mundo puede provocar malentendidos o roces de modo involuntario. En esos momentos resulta útil poner en práctica una de mis estrategias favoritas: brindar al otro la oportunidad de rectificar. Frases como las siguientes: «Seguro que hay una forma más adecuada de decir eso», o «¿Quisiste decir lo que creo haber oído?», invitan a reconsiderar y matizar lo expresado.

(Continúa)

SI ALGUIEN TE ABORDA PARA TENER UNA CONVERSACIÓN DIFÍCIL

Repregunta: cuando no tengas total seguridad sobre la intención de la otra persona, una respuesta sensata es comprobar tu percepción antes de reaccionar de forma negativa: «¿Podrías aclararme qué has querido decir con eso?».

Recupera el equilibrio: ajusta el reparto de poder en la interacción. Muchas veces se cede poder sin necesidad al permitir que alguien nos afecte desde un punto de vista emocional o desestabilice nuestro trabajo. Pero este desequilibrio se puede corregir; una forma de lograrlo es reducir el impacto con una actitud firme, por ejemplo, diciendo: «Por fortuna, no me ofendo con facilidad, y menos por incidentes aislados como este».

Reorganiza: modifica la prioridad en los temas. Aleja la conversación de lo personal y enfócala en el proceso. Por ejemplo, podrías responder: «Parece que estamos de acuerdo en el *qué*, pero tenemos dificultades con el *cómo*». Así se delimita el problema, enfocándolo en un solo aspecto de lo que podría parecer un conflicto irresoluble.

Adaptado de «7 Things to Say When a Conversation Turns Negative», publicado en hbr.org, 11 de mayo de 2016 (producto n.º H02VNP).

También es fundamental reforzar tu confianza eligiendo con cuidado el lugar donde tendrá lugar la conversación difícil. Aunque la privacidad suele ser primordial, hay otros factores que conviene considerar. Por ejemplo, si temes que la otra persona pueda reaccionar con ira, elige una sala de reuniones con paredes de cristal o ventanales, de modo que los demás puedan ver qué está pasando ahí dentro. Eso favorecerá un ambiente más contenido. Si te preocupa que una de las dos partes pierda los papeles, opta por un espacio cercano a los baños; así cualquiera podrá retirarse un momento para recomponerse y, luego, regresar con más calma a retomar la conversación. Ocurre lo mismo con el momento elegido para abordar el tema: ¿cuándo es más oportuno mantener esa conversación?

Cuando llegue el momento de hacer frente a la situación, expresa con la mayor sinceridad posible tu incomodidad (quieras o no, tu lenguaje corporal hablará por ti). Puedes decir algo como lo siguiente: «Debí haberte dicho esto antes, pero no encontraba la manera de hacerlo sin que me afectara demasiado». O bien enmarcar la conversación con una frase como esta: «Te tengo un gran aprecio, como colega y como amigo, y por eso quería tomarme el tiempo para decirte esto de la mejor forma posible».

Quizá la conversación genere una reacción emocional; es normal. Si ocurre, mantén la calma y procura captar las señales que te trasmita tu interlocutor, para actuar en consecuencia. Así, si tu colega se echa a llorar o se pone a la defensiva, pregúntale si es adecuado seguir adelante. Si se enfada, mantén la compostura; mientras no exageres tu reacción, la mayoría de la gente preferirá continuar y finalizar la conversación incómoda. En general, no te recomiendo hacer ninguna observación directa sobre las emociones que está mostrando. En lugar de eso, enfócate en la relevancia del tema: «Sé hasta qué punto te importa la percepción que el equipo tiene de ti. Por eso quería hablar contigo sobre esto». Si permites que las emociones desvíen la conversación, te verás en la obligación de retomarla más adelante o convivir con un silencio incómodo mientras intentas hacer como si esa charla nunca hubiera tenido lugar. Y eso solo alargará la incomodidad que intentabas resolver.

Por último, uno de los mayores errores que puedes cometer tras comunicar un mensaje incómodo es cortar la conversación de forma apresurada. Si la das por terminada cuando la tensión aún está en el aire, esa incomodidad se trasladará de forma inevitable al próximo encuentro. Permite que el diálogo continúe un poco más, hasta que se haya recuperado un tono más relajado y natural.

La vida está llena de conversaciones difíciles, sobre todo si te importa dar forma a un equipo sólido y comprometido con el trabajo. Posponerlas solo agravará el problema. Así que tómate un momento para organizar tus ideas, elige con cuidado el instante y el lugar adecuados, y luego mantén la serenidad y sigue adelante. Verás que te sientes mucho mejor una vez que la conversación haya concluido.

LIANE DAVEY es asesora en eficacia de equipos y conferenciante profesional. Es autora de *The Good Fight* y *You First*, y coautora de *Leadership Solutions*. Comparte tus comentarios y preguntas con ella en LinkedIn.

Reeditado del contenido publicado en hbr.org
el 12 de abril de 2017 (producto #H03LNO).

3

En el fragor de una discusión, deja que oigan tu voz

Amy Gallo

Una conversación difícil debe fluir en ambos sentidos. No hallarás ninguna solución sin escuchar a la otra persona. No obstante, cuando abordas un conflicto también es crucial que tu mensaje se oiga alto y claro. Así que, a la vez que prestas atención a la otra parte, incrementarás las probabilidades de que tu interlocutor entienda tu mensaje si sigues estos consejos.

Defiende tu punto de vista

Es posible que cuando sientes que alguien no se comporta de forma correcta tengas la tentación de lanzarte de primeras con tu versión de los hechos: «Quiero hablarte sobre tu mal comportamiento en la reunión». Sin embargo, no es la mejor opción.

En lugar de eso, piensa que tu opinión es solo eso: una opinión. Mejor formula las frases en primera persona. Por ejemplo, en vez de decir: No has cumplido con los plazos acordados», usa: «Me preocupa que este proyecto lleve seis meses de retraso». Esto ayudará a la otra persona a ponerse en tu lugar y a entender que no estás echándole toda la culpa.

Di exactamente qué te preocupa y luego explica cuáles son los pasos que esperas que se den. Puedes decir: «Aprecio tus ideas, pero me resulta difícil aceptarlas porque, durante todo el proyecto, he tenido la sensación de que no respetas las mías. Esa es mi percepción. No digo que fuera tu intención, solo quiero ponerlo sobre la mesa para que podamos sacar adelante el proyecto».

Dorie Clark, autora de *Reinventing You*, señala que deberías admitir tus errores cuando sea oportuno: «Es muy sencillo echar la culpa a tus colegas, pero lo más probable es que tú también seas partícipe de esas dinámicas que se han generado en el trabajo».[1] Además, reconocer tus errores contribuirá a crear un ambiente de responsabilidad mutua, lo que aumenta las probabilidades de que la otra persona admita los suyos. Si no lo hace y, en cambio, aprovecha tu sinceridad para reprochártelo, no entres en ese juego y déjalo pasar.

Presta atención a tus palabras

Algunas veces, muy a tu pesar, tus comentarios pueden empeorar la situación. Otras es posible que elijas las palabras adecuadas para que la otra persona recupere la calma. Aquí tienes algunas frases que te ayudarán a trasmitir tu mensaje:

- Esto es lo que yo pienso...
- Mi punto de vista parte de ciertas premisas fundamentales...
- He llegado a esta conclusión basándome en...
- Me encantaría saber qué opinas de lo que acabo de decir.
- ¿Ves algún punto débil en mi razonamiento?
- ¿Percibes esta situación desde una perspectiva distinta?

Hay algunas reglas básicas que puedes seguir para evitar que la otra persona se ponga a la defensiva. Por supuesto, deberías evitar los insultos y las acusaciones directas.

Tu lenguaje debe ser «simple, claro, directo y neutral», dice Holly Weeks, a quien presentamos en el capítulo 1. Tampoco deberías disculparte por tus sentimientos. Lo peor que puedes hacer, según Weeks, «es pedirle a la otra persona que te tenga lástima». No digas cosas del tipo: «Me siento muy mal por explicarte esto» o «Esto es muy difícil para mí», ya que desvían la atención del problema y la centran en tu necesidad emocional: ese tipo de expresiones pueden llevar a la otra persona a sentir que ha de consolarte antes de abordar el tema de fondo.

Liane Davey, autora y una de las colaboradoras en este libro, aporta dos reglas adicionales respecto a cómo comunicarnos con eficacia:

- *Usa «y» en lugar de «pero».* Cuando necesites manifestar una opinión contraria, exprésala con una conjunción. La base de esto es que no es necesario que alguien se equivoque para que tú tengas razón. Si te sorprende lo que ha dicho tu interlocutor, evita responder: «¡Pero eso no es así!». En su lugar, aporta tu perspectiva. Davey propone el siguiente ejemplo: «Tú consideras que debemos dejar margen en el presupuesto para un evento con la clientela, y a mí me preocupa que necesitemos esos fondos para la formación del personal. ¿Qué alternativas tenemos?». Esta manera de plantearlo invita a la otra persona a colaborar en la búsqueda de soluciones y fomenta un enfoque constructivo y no de confrontación.

- *Echa mano de las hipótesis.* Que alguien nos lleve la contraria no es del agrado de nadie, así que no intentes refutar cada argumento de tu interlocutor. En lugar de eso, Davey sugiere usar situaciones hipotéticas para estimular la imaginación de esa persona. «Imaginar es lo opuesto a defender, porque obliga al cerebro a salir de las rutas preestablecidas», señala Davey. Y nos da un ejemplo: «Comprendo tu inquietud respecto a dar con las personas adecuadas para lanzar esta campaña.

Si lográramos reunir al equipo ideal... ¿Cómo te imaginas que podría desarrollarse la campaña?».

Cuida tu lenguaje corporal

Mucha gente comunica mensajes no verbales sin darse cuenta. ¿Encorvas los hombros? ¿Pones los ojos en blanco? ¿Jugueteas con el bolígrafo? Durante la conversación, presta atención a tu expresión facial, la postura de tus brazos y piernas, y el lenguaje de todo tu cuerpo; y reflexiona sobre la impresión general que estás trasmitiendo.

Haz lo mismo con tu interlocutor. Si su comunicación no verbal no coincide con lo que dice, no dudes en sacar el tema. Por ejemplo, podrías decir: «Afirmas que estás conforme con este enfoque, pero parece que no te convence del todo. ¿Es así? ¿Quieres que lo hablemos?».

Modifica el rumbo de la conversación

En ocasiones, incluso con las mejores intenciones y una preparación cuidadosa, la conversación puede desviarse de la senda prevista. Y es que no puedes imponer que tu interlocutor aborde el diálogo justo según tus términos.

Si la conversación sube de tono, no pierdas la calma. Respira hondo, tómate unos segundos para aislarte de la situación y analiza con objetividad lo que está ocurriendo. Incluso puedes describir lo que ocurre para tus adentros: «Siguen repitiendo una y otra vez que ayer levanté la voz en la reunión»; «Cuando intento orientar la conversación hacia la búsqueda de una solución, prefieren insistir en lo que salió mal». Luego, comenta aquello que percibes, siempre con calma y claridad: «Parece que cada vez que mencionamos los resultados de ventas, elevas el tono». Y plantea una alternativa que invite a la colaboración: «Si aunamos ambos puntos de vista, es probable que hallemos una forma de seguir adelante. ¿Qué te parece? ¿Tienes alguna propuesta?».

En caso de que parezca que has entrado en una lucha de poder (donde ya no estás discutiendo el fondo del conflicto, sino compitiendo por ver quién tiene la razón), da un paso atrás. Recurre a alguna de las frases o preguntas del apartado «Presta atención a tus palabras», o bien aborda lo que no está funcionando. Podrías decir: «Parece que nos hemos atrincherado en nuestras respectivas posturas. ¿Podríamos volver a centrarnos en nuestros objetivos y ver si somos capaces de generar nuevas ideas que satisfagan a ambas partes?». A continuación, te presento otra serie de frases que te ayudará a encauzar la conversación de forma constructiva:

- «Es posible que tengas razón, pero me gustaría comprenderlo mejor».
- «Tengo una perspectiva completamente distinta, pero es evidente que crees que esto es injusto. ¿Cómo podemos resolverlo?».

- «No sé muy bien qué relación tiene este asunto con el tema que nos preocupa. ¿Podrías ayudarme a entenderlo?».
- «Me gustaría darte mi opinión y conocer la tuya».
- «Es posible que esto sea percepción mía, pero cuando dijiste X me sentí…».
- «¿Hay algo que pueda decir o hacer para que consideres otras opciones en este caso?».

No puedes obligar a tu interlocutor a apreciar, comprender o incluso escuchar tu punto de vista. Sin embargo, aplicar las tácticas mencionadas incrementa de forma considerable las posibilidades de lograrlo. Comunicar tu punto de vista, a la par que escuchar el de tu interlocutor, es esencial si deseas hallar una solución.

AMY GALLO es editora colaboradora en *Harvard Business Review*, copresentadora del podcast *Women at Work* y autora de dos libros: *Getting Along* y *The HBR Guide to Dealing with Conflict*. Escribe y también da conferencias sobre las dinámicas que se producen en el entorno laboral. Puedes ver su charla TEDx sobre el conflicto y encontrarla a ella en LinkedIn.

Nota

1. Dorie Clark, *Reinventing You: Define Your Brand, Imagine Your Future* (Boston: Harvard Business Review Press, 2013).

Reeditado del contenido publicado en hbr.org
el 9 de noviembre de 2015 (producto #H02H89).

4

La mejor manera de plantear temas sensibles en una reunión virtual

Joseph Grenny

Hassan presionaba una y otra vez la goma del lápiz en la palma de su mano, intentando canalizar la frustración.

Llevaba 80 minutos en una reunión virtual con colegas de cinco países. Una crisis financiera había desplomado sus previsiones de ingresos. Y con el fin de ayudar a la empresa a sobrevivir al inminente desastre se había encomendado a los asistentes la difícil tarea de recortar un 15 % los costes en sus respectivos departamentos. En la videollamada del mes anterior, los seis habían acordado, como primera medida, rescindir los contratos de consultoría. Sin embargo, unos días más tarde, Hassan había descubierto que un colega suyo (presente en la primera reunión) no respetó el acuerdo y prolongó tres años más un contrato relacionado con un proyecto personal. Hassan sabía que al menos otros tres colegas que estaban presentes en la reunión virtual eran conscientes de la infracción. Sin embargo, nadie decía una palabra.

De hecho, el director dijo: «Parece que hemos tratado todos los temas del orden del día. ¿Alguien quiere comentar otro asunto?».

Tres décadas de investigación sobre el comportamiento humano me han enseñado que, en general, es posible evaluar la salud de un equipo, una relación o incluso una empresa midiendo el tiempo medio que pasa entre identificar los problemas y hablar de ellos. Cuanto más tiempo sin mediar palabra, mayor es el precio a pagar en confianza, compromiso, toma de decisiones, rendimiento, calidad, seguridad, diversidad o cualquier otro aspecto.

Sin embargo, el estudio de mi compañía muestra que, en una empresa corriente, el 72 % de la plantilla no se atreve a levantar la voz cuando un colega no cumple con su parte, y el 57 % prefiere mirar para otro lado si alguien se salta procesos importantes para el trabajo.[1] La gente se muerde la lengua durante semanas, meses y, a veces, para siempre. Mientras tanto, se toman malas decisiones, se perjudica a la clientela, las malas conductas pasan inadvertidas y el cinismo campa a sus anchas.

Por ejemplo, en un estudio descubrimos que los equipos virtuales, en comparación con quienes trabajan de manera presencial, tienen el doble de probabilidades de detectar los errores o las malas prácticas de sus colegas que están en remoto. Aun así, lo más preocupante es que, según los datos, tardan entre cinco y diez veces más en afrontar y resolver estas situaciones.

Este problema creciente seguirá lastrando el desempeño organizacional si los líderes no desarrollan las habilidades necesarias ni fomentan normas que permitan abordar los temas más delicados de una manera ágil y directa, incluso en plena reunión virtual.

La razón por la que tan poca gente se atreve a abordar asuntos sensibles es que se nos ha predispuesto a la desconfianza. A lo largo de la historia, la supervivencia favoreció a quienes asumían que los demás tenían malas intenciones, en lugar de a quienes confiaban sin reservas. Como resultado, arrastramos un cierto sesgo conservador: ante la duda, optamos por la cautela. Nos escondemos. Nos preparamos para defendernos. Guardamos silencio.

Para reducir el tiempo entre la aparición de un problema y su resolución en equipos virtuales, es esencial generar un entorno de *seguridad psicológica*. Las personas solo confiamos en los demás cuando nos sentimos seguras; de lo contrario, nos retraemos. La gente solo está dispuesta a participar en conversaciones delicadas si percibe señales claras y constantes de buenas intenciones, y respeto por parte de los demás.

A continuación, te explicamos cómo promover la franqueza en reuniones virtuales en los momentos en que más se necesita.

Demuestra que se puede confiar en ti

Los equipos virtuales suelen ser un entorno favorable para la desconfianza, porque la falta de contacto físico nos priva de las señales necesarias para conocer nuestro lugar en el grupo. Al trabajar en un equipo virtual debes asumir que, en algún momento del proyecto, surgirán temas difíciles que habrá que abordar. Por eso es clave anticiparse y generar señales de confianza antes de que aparezcan los problemas. Incluso los gestos más leves pueden compensar la falta de información que impone la distancia. Así pues, comparte información de manera abierta; toma la iniciativa para ofrecer ayuda; envía un correo de felicitación cuando alguien haga las cosas bien. Un poco de amabilidad puede suponer una gran diferencia y ayudar a que los demás interpreten tus intenciones de manera positiva cuando surjan las inevitables tensiones.

Pide permiso

Cuando llegue el momento de plantear un tema en una reunión virtual, pide permiso para hacerlo. Por ejemplo, Hassan podría empezar con esta frase: «Tengo un asunto que me gustaría tratar. Es algo delicado, pero muy importante. ¿Puedo proceder?». Pedir permiso puede parecer un simple trámite, pero tiene un gran valor psicológico. Y es que nada hace peligrar más la seguridad que una sorpresa. Por tanto, brindar a los demás la oportunidad de retirarse les proporciona una sensación de control. Al avisar muestras tus buenas intenciones. Además, si logras plantear esta demanda de manera calmada y abierta, tu tono de voz reforzará aún más el mensaje.

Comparte tus dudas sobre la interpretación de tu mensaje

Si te preocupa que los demás malinterpreten tus intenciones, adviérteles de esa posibilidad señalándola de antemano. Por ejemplo, Hassan podría decir: «Hinata, hay un rumor que me gustaría abordar y que te involucra. No quiero ponerte en una situación incómoda ni faltarte al respeto de ninguna manera. Sin embargo, también quiero ser fiel a nuestro objetivo común, y estoy seguro de que tú también lo deseas. Para mí, se trata de una cuestión de integridad. Así es como yo lo veo».

Relata la situación con calma y cíñete a los hechos

Presenta de manera clara los hechos que fundamentan tus preocupaciones. Evita cualquier tono acusatorio. Haz pausas para confirmar los hechos a medida que los expones. El tono de voz es crucial. No acuses ni critiques; limítate a exponer lo que consideras correcto. Por ejemplo, podrías decir: «En nuestra última reunión, acordamos cancelar los contratos de consultoría. ¿Es eso lo que entendiste, Hinata? Al ponerme en contacto con nuestro consultor de la cadena de suministro para cancelar el compromiso con Malasia, me informó que el día anterior no habías roto el contrato con él, sino que lo habías renovado por tres años».

Comparte las conclusiones provisionales e invita al diálogo

Luego, expón tus conclusiones a partir de los hechos, pero de una manera que permita el intercambio de opiniones: «Esto parece contradecir nuestro acuerdo. ¿Me estoy perdiendo algo? ¿Es esto lo que sucedió o hay algún detalle que desconozco?».

Muestra evidencias de tu buena voluntad

Una vez que el problema se haya hablado y resuelto, reafirma tus buenas intenciones y tu respeto con las acciones que lleves a cabo después. Cuando sea apropiado, envía un correo electrónico para confirmar las garantías que ofreciste, sin disculparte por las inquietudes que hayas expresado.

Estas recomendaciones no garantizan que una conversación virtual tenga éxito, pero sí incrementan de forma significativa las probabilidades de que así sea. Y no te preocupes, porque incluso si el primer intento no va bien puedes generar más confianza con tu actitud posterior. La única forma de ayudar a un equipo virtual a crear el hábito de abordar conversaciones cruciales de manera adecuada es *hacerlo*, aunque no resulten bien al principio.

En nuestro ejemplo, Hassan no dijo nada. Lo que hizo fue usar la aparente falta de compromiso de Hinata como pretexto para seguir trabajando con sus propios consultores. Esto, por supuesto, no benefició al equipo ni a la empresa. Los problemas en los equipos virtuales casi siempre comienzan cuando sus miembros deciden actuar en lugar de expresar de manera abierta sus preocupaciones.

JOSEPH GRENNY es el autor del bestseller del *New York Times* *Crucial Conversations*. También es cofundador de Crucial Learning (CrucialLearning.com), una empresa de formación que ofrece cursos en áreas como la comunicación, el rendimiento y el liderazgo.

Nota

1. Jordan Christiansen, «New Study Shows People Have Never Been More Afraid to Speak Their Minds», Crucial Learning, 9 de noviembre de 2021, https://cruciallearning.com/newsroom/

Reeditado del contenido publicado en hbr.org
el 14 de marzo de 2017 (producto #H03IFN).

5

Cómo controlar las emociones antes de perder el control

Amy Gallo

Es difícil mantener la calma en una conversación tensa. A fin de cuentas, un desacuerdo puede parecer una amenaza. Tienes miedo de renunciar a algo (tu punto de vista, tu forma de trabajar, la certeza de que tienes razón o tal vez incluso tu posición jerárquica) y tu cuerpo, por lo tanto, se prepara para luchar activando el sistema nervioso simpático. Se trata de una respuesta natural, pero el problema es que el cuerpo y la mente no son grandes especialistas en diferenciar la amenaza que supone toparse con un león en la sabana y que el proyecto en el que trabajas no se desarrolle acorde a tu voluntad. Por tanto, en este último caso tu frecuencia cardíaca y respiratoria se dispara igualmente, los músculos se tensan, la sangre se aparta de los órganos, y es muy probable que experimentes una sensación de incomodidad.

Nada de esto te ayuda a encontrar el marco mental adecuado para resolver un conflicto. Si tu cuerpo activa la respuesta de lucha o huida (lo que Daniel Goleman llamó «el secuestro de la amígdala»), es posible que suprimas las funciones de la corteza prefrontal, es decir, la parte de tu cerebro responsable del pensamiento racional. Y tomar decisiones racionales es justo lo que debes hacer en una conversación difícil. En una situación así no solo pierdes la capacidad de pensar con claridad, sino que es muy probable que tu interlocutor perciba las señales de estrés (el enrojecimiento de tu rostro, el ritmo acelerado de tu voz) y, por culpa de las neuronas espejo —que nos hacen absorber las emociones ajenas—, él comience a sentirse del mismo modo. Y así, en un abrir y cerrar de ojos, la conversación descarrila y todo salta por los aires.

Por suerte, es posible interrumpir esta respuesta física, controlar las emociones y retirar los obstáculos que impiden que la conversación sea productiva. Hay muchas estrategias que puedes adoptar para mantener la cabeza fría durante una conversación o para recuperar la calma si has perdido el control.

Respira

Las técnicas sencillas de mindfulness pueden ser tu mejor baza en situaciones tensas, y ninguna es más simple y accesible que controlar la respiración. Así que, en cuanto sientas tensión, intenta concentrarte en tu respiración, en la sensación del aire entrando y saliendo de los pulmones. Siente cómo pasa por las fosas nasales o por la parte posterior de la garganta. Esto te ayudará a desviar la atención de las señales físicas del pánico y te centrará. Algunos expertos en mindfulness sugieren contar las respiraciones; por ejemplo, inhalar y exhalar mientras cuentas hasta seis, o simplemente contar cada exhalación hasta llegar a diez y luego comenzar de nuevo.

Presta atención a tu cuerpo

Permanecer inmóvil durante una conversación difícil puede llevar a que las emociones se acumulen en lugar de soltarse. Los expertos aseguran que levantarse y caminar estimula la parte del cerebro encargada del razonamiento. Si tú y tu interlocutor habéis tomado asiento para hablar, por ejemplo en un despacho, tal vez no consideres apropiado levantarte de repente. Es comprensible. En ese caso, podrías decir algo así: «Necesito estirar las piernas. ¿Te molesta si doy una vuelta?». Si aun así no te resulta cómodo, puedes recurrir a pequeños gestos, como cruzar los dedos o afirmar bien los pies en el suelo, prestando atención a la sensación bajo tus zapatos. Los expertos en mindfulness lo llaman «anclaje», y es una técnica útil en una amplia variedad de situaciones estresantes. Por ejemplo, durante mucho tiempo sufrí miedo a volar, pero descubrí que contar mientras me tocaba con el pulgar cada uno de los demás dedos me ayudaba a salir de ese ciclo de rumia mental.

Prueba a recitar un mantra

Recibí este consejo de Amy Jen Su, socia directora de Paravis Partners y coautora de *Own the Room*. Ella sugiere crear una frase que puedas repetir en tu interior para mantener la calma. Algunos de sus clientes han encontrado útil el siguiente recordatorio: «Vuelve a una posición neutral». También podrías probar con frases del tipo: «Esto no se trata de mí», «Esto es transitorio» o «Esto es por el negocio».

Identifica y etiqueta tus emociones

Otra valiosa estrategia me la sugirió Susan David, autora de *Emotional Agility*. Cuando sufres una gran carga emocional, «la atención que dedicas a tus pensamientos y sentimientos te satura la mente; no queda espacio para reflexionar sobre ellos», señala David. Para distanciarte de ese sentimiento, etiquétalo: «Llama cada cosa por su nombre, es decir, identifica qué es un pensamiento y qué es una emoción».

Por ejemplo, puedes trasformar «mi colega está muy equivocado y me saca de quicio» en «*pienso* que mi colega se equivoca y *siento* ira». Etiquetar de esta manera, según David, te permite ver que tus pensamientos y emociones solo son «fuentes de información transitorias que pueden tener alguna utilidad o no». Al crear ese espacio entre tus emociones y tú, resulta más sencillo soltarlas, sin reprimirlas ni ocultarlas hasta que estallen.

Tómate un descanso

Según mi experiencia, este es un enfoque poco utilizado. Cuanto más tiempo te des para procesar tus emociones, menos intensas serán. Así que, cuando la conversación se intensifique, tal vez necesites ausentarte un momento: acércate a tomar un café o un vaso de agua, ve al baño o da un breve paseo por la oficina. Asegúrate de dar una razón neutral para levantarte y poner en pausa la conversación; lo último que quieres es que tu interlocutor piense que la situación está tan tensa que necesitas escapar. Puedes decir algo así: «Disculpa que te interrumpa, pero me gustaría tomarme un café rápido antes de continuar. ¿Te traigo algo?».

Recuerda que es probable que no seas la única persona molesta en esa conversación. Tu interlocutor quizá esté experimentando también enojo o frustración. Y, aunque sientas la tentación de ofrecer alguno de los anteriores consejos a tu interlocutor, nadie desea que le digan que debe respirar hondo o tomarse un descanso en medio de una conversación difícil. Es posible que en tal situación lo más adecuado sea dejar que la otra persona se desahogue. Claro que esto suele ser más fácil decirlo que hacerlo: es complicado no responder con gritos cuando te están atacando. Pero es que eso no va a mejorar la situación. Jeanne Brett, que imparte clases sobre resolución de conflictos y negociaciones en la Kellogg School of Management de la Universidad Northwestern, sugiere visualizar que las palabras de tu colega pasan por encima de tu hombro en lugar de impactarte en el pecho. No obstante, tampoco muestres indiferencia; es crucial demostrar que estás escuchando. Si no alimentas la emoción negativa de tu interlocutor con tus reacciones, es probable que se calme.

En cualquier caso, aceptémoslo: los conflictos con los compañeros de trabajo pueden ser difíciles de manejar. Pero no vas a resolver los problemas ni lograr una relación positiva si te lanzas a esa conversación en un estado alterado. Con suerte, estas cinco tácticas te ayudarán a desactivar la ira o la frustración, y a mantener la calma y la compostura.

AMY GALLO es editora colaboradora en *Harvard Business Review*, copresentadora del podcast *Women at Work* y autora de dos libros: *Getting Along* y *The HBR Guide to Dealing with Conflict*. Escribe y da conferencias sobre dinámicas en el entorno laboral. Puedes ver su charla TEDx sobre conflictos y encontrarla en LinkedIn.

Reeditado del contenido publicado en hbr.org
el 1 de diciembre de 2017 (producto #H041FW).

6

Cómo tener conversaciones difíciles sin perjudicar las relaciones

Evelyn Nam

Imagina los siguientes escenarios:

- Un directivo suelta un comentario sexista en un correo electrónico dirigido a toda la empresa.
- El CEO de tu empresa declara con firmeza que no invertirá recursos en un proyecto con el que tienes un fuerte compromiso.
- Eres testigo de una microagresión en una reunión de equipo.

En cada una de estas situaciones, es muy probable que tu instinto te impulse a levantar la voz, enfrentarte a esa persona y dar tu punto de vista. Pero ¿cuál es la mejor manera de hacerlo?

Puede resultar difícil discrepar de las políticas de una empresa o expresar tus ideas sobre asuntos que te conciernen. Pero el verdadero problema con este tipo de mentalidad es que ignora lo importantes que son nuestros valores para estar a gusto en el trabajo. Este fenómeno ocurre en particular con los trabajadores de la generación Z. De hecho, según una encuesta administrada a 2600 individuos de esta generación, solo uno de cada cinco estaría dispuesto a trabajar en una empresa que no compartiera sus valores.[1] Asimismo, al menos el 70 % participa de forma activa en causas sociales o políticas.[2] Además, existen indicios de que quienes logran conectar su propósito social con su trabajo tienden a sentir más satisfacción y compromiso en el ámbito laboral.[3]

Para entender mejor cómo lograr que escuchen nuestra voz y tener conversaciones difíciles sin perjudicar las relaciones, me puse en contacto con cuatro expertos sobre el tema. Esto es lo que compartieron conmigo.

Considera a los demás como aliados potenciales, no como enemigos

Cuando das tu opinión sobre un incidente, como una microagresión, resulta más efectivo acercarse con actitud colaborativa a quien hizo el comentario. Esto es así porque la defensa de causas sociales suele más eficaz cuando se invita al diálogo en lugar de enfrentarse o limitarse a criticar.

Todd Kashdan, autor de *The Art of Insubordination*, explica que «invitar al diálogo» implica reconocer que compartimos una misma condición humana: «Todo el mundo tiene defectos, cualquiera comete errores y, con frecuencia, no contamos con la energía ni la claridad mental para actuar según nuestras escala de valores. Lo importante es aceptarlo y comprometernos a mejorar».

El objetivo debería ser tener una conversación e intentar entender el punto de vista de la otra persona.

Durante una discusión, es imprescindible poner el énfasis en ayudar a los demás a entender su error, en lugar de pretender que se avergüencen por ello. Por ejemplo, podrías decir: «No he entendido tu broma. Lo digo con honestidad, no me ha sentado bien que ridiculices una parte de mi identidad. ¿Quieres hablarlo con calma?».

Para Kashdan y Tobias Berkman, asociado sénior en el Consensus Building Institute y miembro del programa de negociación en la Facultad de Derecho de Harvard, conversar sobre un asunto no solo es un enfoque adecuado, sino también pragmático y funcional. La razón es que, cuando invitas a otra persona a dialogar sobre el tema en vez de intentar ganar una batalla, estará más abierta a escucharte y plantear la conversación de forma positiva.

«Es mucho menos probable que se logren resultados en un entorno adverso. Por eso es mejor establecer un terreno común donde ambas partes puedan dialogar», afirma Berkman.

La intención es importante, así que escucha los otros puntos de vista

Una vez que ambas partes estén en igualdad de condiciones, es esencial escuchar y tener en cuenta el punto de vista del otro. Las investigaciones al respecto indican que con demasiada frecuencia exageramos la postura opuesta de nuestros interlocutores.[4]

«Alguien expresa algo y, al instante, elaboramos una imagen sobre quién es esa persona y qué intenciones tiene, y luego actuamos como si fuera un hecho —comenta Julia Minson, profesora asociada en la Escuela Kennedy de Harvard—. Eso crea de forma automática un ambiente adverso en el que alguien debe perder». Minson señala que es clave comprender las verdaderas intenciones de la otra persona en lugar de hacer suposiciones.

Para esclarecer estas intenciones, haz una escucha activa y muestra curiosidad. «Escuchar no significa renunciar a la razón, sino entender quién es en realidad la otra persona —afirma Minson—. Se trata de dedicar un tiempo a intentar saber por qué piensan lo que dicen».

También puedes plantear preguntas específicas para entender mejor esas intenciones. Por ejemplo, empezando la conversación con este tipo de frase: «Cuéntame algo más de tu punto de vista sobre lo ocurrido». Presta atención a lo que diga la otra persona y, tras escucharla con atención, parafrasea lo que ha dicho: «Vale, entiendo que lo que quieres decir es...». Esto te permitirá evitar malentendidos y confirmar los hechos. Basándote en esta información, ya puedes seguir delante y expresar tu punto de vista: «Al escucharte, he pensado en una nueva investigación sobre la brecha en el acceso al seguro de salud para personas sin pareja, y quería comentar la idea contigo».

Esto también puede ayudarte a identificar con más claridad dónde residen en realidad las diferencias entre tus creencias y las de la otra persona. ¿Su perspectiva surge de una experiencia personal o, por el contrario, de la falta de ella? ¿Conoce información que contradice tus fuentes? ¿Muestra tolerancia a las nuevas ideas y predisposición al cambio? Prestar atención a todos estos elementos puede facilitar la búsqueda de soluciones que resulten aceptables para ambas partes.

Minson señala que cuando escuchamos y las otras personas se sienten de verdad escuchadas es mucho más probable que también estén dispuestas a prestarnos atención: «La norma de la reciprocidad (tratar al otro como él nos trata) es un comportamiento humano fundamental. Esto facilita que la otra persona nos permita expresarnos con libertad, lo que hace más sencillo comunicar nuestra postura».

Alison Wood Brooks, profesora asociada en la Escuela de Negocios de Harvard, añade que la intención no solo tiene que ver con las acciones del otro, sino también con las propias motivaciones. Así que pregúntate: «¿Cuál es mi objetivo al plantear esta conversación?». Si tu propósito es generar un cambio en la otra persona y lograr que comprenda tu mensaje, entonces, afirma Brooks, debes mantenerlo presente, incluso en los momentos de mayor tensión.

En cambio, si lo único que buscas es un enfrentamiento, desahogarte y «hacer valer tu razón», lo más probable es que solo empeores la situación.

Recuerda que estás interactuando con otro ser humano

Durante cualquier conversación, es esencial tener presente que estás dialogando con una persona real: alguien con emociones, vivencias, historia, posibles heridas, un corazón y las mismas necesidades que tú de que le escuchen, comprendan y, sobre todo, traten con respeto. Kashdan advierte que la tendencia (cada vez más común y excesiva) de etiquetar a los demás como narcisistas, manipuladores o tóxicos puede llevarnos a deshumanizarlos, en especial cuando nuestras opiniones difieren de las suyas.

Por eso es fundamental escuchar de forma activa y tratar de comprender el punto de vista del otro. Los seres humanos tenemos la capacidad de cambiar, crecer y transformarnos. Minson señala que, al reconocer ese potencial en quienes no comparten nuestras ideas, es más probable que logremos un diálogo constructivo. Evitar reducir a las personas a categorías como «buenas» o «malas» nos permite brindarles algo de empatía y generosidad emocional.

Por otro lado, la exclusión tal vez intensifique las posturas extremas. Si la otra persona se siente rechazada o excluida, es probable que busque (y encuentre) a quienes la escuchen y respalden sus puntos de vista. Esto intensifica la desconexión entre las partes y fomenta opiniones cada vez más polarizadas, como señala Minson. Ver a tu interlocutor como un ser humano (es decir, con sus imperfecciones) y reconocer sus necesidades fundamentales de sentir que le escuchan y respetan es un paso decisivo para propiciar el cambio que quieres lograr.

Está bien usar el humor, cuando sea oportuno

Aunque parezca contradictorio, Kashdan sostiene que el sentido del humor puede ser de gran ayuda en el activismo social. Y cita el ejemplo de Loretta Ross, profesora y activista que, en un artículo de opinión de 2019 en *The New York Times*, escribió lo siguiente: «En 2017 era profesora universitaria en Massachusetts, y cometí un error de género con un estudiante durante una clase. Me quedé paralizada por la vergüenza, esperando ser reprendida. Pero mi estudiante dijo: "No te preocupes; yo también me equivoco de género a veces". Necesitamos más este tipo de humor».[5]

Kashdan contrapone esto al uso de la vergüenza o el bochorno como táctica de persuasión. «Cuando avergüenzas a los demás, los arrinconas, y lo único que pueden hacer en esa situación es hundirse o atacarte. Tienes que darles una salida», afirma. El humor nos permite ser más humanos, reducir las defensas emocionales ajenas y quedar bien. Además, invita a la conversación sin sospechar malas intenciones.

Dicho esto, solo deberías recurrir al humor si sientes la suficiente comodidad y seguridad con quienes interactúas. También depende del contexto y de los valores que estén siendo cuestionados. El humor puede ser especialmente útil al dirigirte a un colega con el que te llevas bien, pero que ha cometido una microagresión. En situaciones donde te enfrentas a alguien en una posición de poder, es un recurso más complicado de emplear. De modo que evalúa con cuidado ante quién puedes utilizarlo como herramienta, y asegúrate, en cualquier caso, de que contribuye al avance de la conversación, en lugar de al insulto o al menosprecio de la otra persona.

No dudes en pedir ayuda

El consejo anterior es útil si estás abordando un problema puntual con un colega o incluso con tu jefe. Sin embargo, ¿qué sucede si deseas dar tu opinión sobre un tema organizacional de más amplio alcance? ¿O si la persona a la que necesitas parar los pies es el CEO de tu compañía o algún alto directivo?

En tal caso quizá te parezca una tarea abrumadora, pero no te desanimes. Amit Goldenberg, profesor asociado en la Escuela de Negocios de Harvard, explica que en estos casos encontrar aliados es crucial para lograr que tu voz sea escuchada.

Para encontrar aliados, reflexiona sobre las personas en puestos de liderazgo que comparten tus preocupaciones. ¿Podrías pedir consejo a tu jefe sobre cómo proceder? ¿Hay algún líder en tu departamento que esté más cerca del CEO y con quien puedas ponerte en contacto? ¿Hay personal directivo en otros departamentos que quizá tenga valores similares a los tuyos y a quienes sientas que puedes pedir feedback para avanzar?

Una vez que hayas encontrado a dos o tres personas con las que sientas la suficiente comodidad abordando un tema, organiza una reunión y expón cómo percibes la situación. Asume la defensa de la causa y explica que tomar ciertas medidas podría beneficiar tanto a la empresa como a sus líderes y trabajadores.

Por ejemplo, podrías decir algo del tipo: «Leí el reciente discurso del CEO sobre nuestra estrategia para este año, y considero que perdimos la oportunidad de poner un mayor énfasis en los criterios

ASG (ambientales, sociales y de buen gobierno, en inglés ESG: *environmental, social and governance*). Dado que la sostenibilidad está cobrando cada vez más relevancia en diversos sectores, creo que es el momento ideal para que nuestra empresa apunte a clientes que valoren los objetivos ASG por razones como... Estas son algunas ideas para mejorar. Me gustaría preparar un correo al respecto para el CEO, o bien que un líder sénior lo mencione en la próxima reunión de la junta directiva. ¿Tenéis alguna sugerencia?».

Abogar por un mundo más humano, basado en el cuidado y el respeto, no es tarea fácil. Y, al fin y al cabo, tienes poco control sobre las reacciones ajenas. Sin embargo, incluso si tus intentos de establecer un diálogo no siempre tienen éxito, recuerda que hiciste un esfuerzo, y eso es lo que importa. Al final, la clave para cambiar mentalidades y comportamientos es la paciencia: hay que darle tiempo a todo.

EVELYN NAM es graduada de la Harvard Kennedy School, la Columbia Journalism School y la Harvard Divinity School. Ha trabajado como reportera sobre negocios y asuntos de la comunidad asiático-estadounidense. En la actualidad, es editora asistente en Harvard Business Publishing.

Notas

1. «New Rules: How Gen Z Is Changing the Future of Work», LEWIS, mayo de 2021, https://www.heforshe.org/sites/default/files/2021-05/lewis-genz-report-final.pdf
2. Jackie Cooper, «Unleashing the Power of Gen Z», Edelman, 20 de diciembre de 2021, https://www.edelman.com/insights/unleashing-power-gen-z
3. Bea Boccalandro, «Increasing Employee Engagement Through Corporate Volunteering», Voluntare, https://www.beaboccalandro.com/wp-content/uploads/2019/01/Engagement-Report-Voluntare-eng-04122018-2.pdf
4. Brian P. Reschke et al., «Mutual Receptiveness to Opposing Views Bridges Ideological Divides in Network Formation», Haas School of Business, University of California, Berkeley, octubre de 2020, https://faculty.haas.berkeley.edu/srivastava/papers/Mutual%20Receptiveness%20and%20Networks.pdf
5. Loretta Ross, «I'm a Black Feminist. I Think Call-Out Culture Is Toxic», New York Times, 17 de agosto de 2019, https://www.nytimes.com/2019/08/17/opinion/sunday/cancel-culture-call-out.html

Reeditado del contenido publicado en hbr.org
el 19 de mayo de 2023 (producto # H07NJ3).

7

Qué hacer después de una fuerte discusión en el trabajo

Dolores Bernardo

La mayoría de las veces, tras una conversación difícil sentimos alivio. Pensamos: «Gracias a Dios que ha terminado. ¡No quiero tener otra conversación de estas *nunca más*!». Sin embargo, es fundamental ser capaz de seguir adelante después de una conversación difícil. La pregunta es: ¿cómo? ¿Qué deberías decir o hacer para normalizar la situación, avanzar y asegurarte de que se resuelven los asuntos tratados?

A lo largo de la última década, una parte sustancial de mi trabajo se ha orientado a promover la comprensión mutua de los líderes y a fomentar una colaboración eficaz entre departamentos. Se ha escrito mucho sobre cómo gestionar las conversaciones difíciles, pero quizá no se ha puesto tanta atención en qué hacer *después* de ellas. Gracias a mis colaboraciones con líderes del sector tecnológico, organizaciones no gubernamentales y profesionales del ámbito académico, he comprobado que la capacidad para hacer seguimiento y fortalecer la relación después de una conversación difícil es tan crucial como la destreza para abordar ese primer y complejo intercambio.

A continuación, presento tres pasos fundamentales para reconstruir una relación profesional sólida tras una conversación desafiante al tiempo que se avanza en la resolución del problema.

Primer paso: reconoce que la conversación tuvo lugar

Es bastante probable que queramos olvidar o dejar a un lado el hecho de que tuvimos una conversación subida de tono con un colega del trabajo. Pero eso es un error, porque haciéndolo renuncias a tu poder y abandonas a su suerte a tu colega en la decisión de cómo gestionar la situación. Este es mi consejo: a) hacer un seguimiento proactivo, b) reconocer que fue una situación difícil y c) centrarse en los aspectos positivos. Tiene un enorme valor reconocer esa capacidad de ambas partes para reunirse, identificar un problema y, sobre todo, tener esa conversación. Por eso siempre es útil agradecer el tiempo que ha dedicado tu colega a la conversación.

Te expondré ahora el caso de Richard, un director de ventas con quien trabajé en cierta ocasión. En su empresa anterior había hecho una labor fantástica, pero en la primera reunión en su nuevo puesto, en la que presentaba una estrategia comercial ante la directiva de la compañía, sus ideas fueron descartadas de inmediato. Le comunicaron que su estilo de comunicación no estaba en sintonía con la cultura organizacional, y salió de la reunión desmoralizado y sin una estrategia clara para impulsar las ventas en su zona.

Le sugerí a Richard que asumiera el liderazgo de la situación redactando de inmediato un correo de agradecimiento contundente, que reflejara una actitud proactiva y su disposición a alinearse con la visión de la dirección. En aquel mensaje, él reconocía que había sido una reunión delicada, pero que prefería hacer hincapié en lo positivo: habían logrado identificar y poner sobre la mesa temas clave, algo que valoraba muchísimo.

Paso dos: encuentra la manera de que la conversación continúe

Demuestra de forma proactiva que eres una persona resiliente, que das prioridad a las soluciones y que te comprometes a mantener abierto el diálogo. Incluso si en la conversación solo has logrado acordar unos pocos pasos concretos, es fundamental enviar un correo de seguimiento que resuma los puntos fundamentales y ponga el foco en los resultados que se pretenden obtener. ¿Por qué es importante esto? Porque una comunicación clara respecto a los próximos pasos hace avanzar la conversación de una manera estratégica. Además, dejar un registro por escrito ayuda a reflejar posibles diferencias en percepciones, recuerdos o interpretaciones, y garantiza una mayor precisión en el entendimiento mutuo. Además (y esto es especialmente relevante), casi siempre surge cierta información; esta, que en apariencia es «nueva», suele ser el verdadero punto de fricción que ha estado obstaculizando el avance o alimentando el conflicto desde un principio. Por tanto, este paso no solo allana el camino para salir del terreno conflictivo, también potencia una comprensión mutua sobre el problema.

En el caso de Richard, le sugerí que hiciera un seguimiento detallado, puntualizando los pasos siguientes: investigar las estrategias que habían tenido éxito en otras zonas y mantener reuniones con sus colegas de marketing, atención al cliente y desarrollo de producto. Era fundamental que recabara sus opiniones y luego diseñara una estrategia alineada con los valores de su nueva empresa. La siguiente vez que se reunió con la directiva le recibieron con una sonrisa y un cálido apretón de manos. Él sintió que se le daba una nueva oportunidad para presentar sus ideas renovadas, y al final lograron llegar a un consenso sobre la estrategia de ventas para su zona.

Paso tres: céntrate en forjar una relación a largo plazo

Recuerda que cada interacción implica, en esencia, que un ser humano se comunique con otro. Si la única experiencia que alguien recuerda de ti es la de una conversación difícil, es probable que empiece a evitarte o que te asocie solo con reuniones complicadas. Por ello, no obvies la importancia de establecer una relación fuera del contexto estrictamente profesional. Esto busca equilibrar tanto los resultados que esperas obtener como la relación laboral a largo plazo que deseas cultivar.

Recomiendo una práctica denominada «conversación de alianza diseñada», en la que dos colegas dejan de lado cualquier resentimiento pasado y se enfocan en cómo moldear de manera positiva su relación laboral de cara al futuro. Este tipo de conversación incluye preguntas del tipo: «¿Cómo definiremos el éxito en esta colaboración? ¿Qué resultados son prioritarios para ambas partes? ¿Qué limitaciones debemos tener en cuenta? ¿Qué aspectos importantes de cada cual podría desconocer la otra persona?». Este enfoque ofrece a ambas partes la oportunidad de expresarse con sinceridad sobre cómo prefieren colaborar en el futuro.

Asimismo, los eventos *team building* (de construcción de equipo), como una cena informal después del trabajo, un paseo por parejas o compartir tiempo en una actividad fuera de la oficina, pueden ayudarnos a recordar la importancia de conectarnos como seres humanos. Además, resulta útil recordarse mutuamente que existe un propósito común: edificar una empresa sólida y cumplir con los objetivos marcados. Enfatiza siempre el «nosotros» en tus conversaciones, utilizando frases como «todos estamos en el mismo barco» o «todo el mundo desea que esta iniciativa tenga éxito». Como señala el experto en liderazgo

Stanley McChrystal: «No basta con ser excelente; debemos ser excelentes juntos».

De todos modos, fomentar las relaciones positivas tras una conversación difícil no es sencillo, pero sí una habilidad que puedes desarrollar, y con la práctica se vuelve cada vez más asequible. También ayuda a consolidar tu reputación como individuo solucionador de problemas y que trabaja bien en equipo, competencias fundamentales para cualquier líder.

DOLORES BERNARDO ha trabajado durante veinte años como líder en desarrollo de talento, defensora de la diversidad y la inclusión, y consultora de gestión. En la actualidad se dedica al desarrollo de liderazgo en Airbnb. Antes fue jefa de Desarrollo Global de Gerentes en Google y consultora en Accenture.

Nota

1. «Retired US Army General Stanley McChrystal Discusses Trust and Transparency in Leadership», *NYU Stern*, 11 de enero de 2013, https://www.stern.nyu.edu/experience-stern/news-events/trium-hosts-stanley-mcchyrstal

Reeditado del contenido publicado en hbr.org
el 29 de mayo de 2017 (producto #H03NRI).

8

Cómo dar feedback negativo

Dane Jensen y Peggy Baumgartner

Como gerente es probable que des el feedback como si fuera un sándwich: dos comentarios positivos que recubren un generoso comentario negativo. En realidad, es la forma más sencilla para comunicar una crítica, pero raras veces resulta útil para que los demás mejoren su rendimiento. En personas con un ego fuerte, la crítica se digiere con demasiada facilidad, mientras que la gente más autocrítica puede atragantarse con ella. Y, para otros, un mensaje mixto puede resultar confuso. Nuestra experiencia con cientos de líderes empresariales, coaches ejecutivos y entrenadores deportivos demuestra que los mejores gerentes abordan el feedback de otra manera. Se centran en lo que se debe cambiar: identifican con precisión el comportamiento en cuestión, describen sus consecuencias de forma objetiva y trabajan con cada persona para definir con exactitud qué debe hacer diferente en el futuro.

Cuando el feedback se da en forma de sándwich se centra a veces en el rendimiento. Un ejemplo sería el siguiente: «Vivek, has hecho un excelente trabajo en la estrategia de lanzamiento. Por desgracia, la ejecución no ha sido eficaz y necesitamos hablar de los detalles que se están pasando por alto. Sin embargo, con una base estratégica tan sólida no tengo dudas de que podremos revertir la situación». Otras veces se orienta más hacia el estilo de liderazgo: «Jim, estás obteniendo resultados extraordinarios en este momento. Aunque lo valoramos mucho, estás presionando demasiado a tu equipo y eso empieza a generar problemas. Pero los resultados son realmente sobresalientes, y dado lo accesible que eres sé que sabrás qué hacer para que todo el mundo se sienta valorado».

En cualquiera de los dos casos, la persona que recibe el feedback puede percibirlo como un ataque sorpresa. Además, como líder, habrás desperdiciado una ocasión para dar feedback positivo («excelente trabajo en la estrategia de lanzamiento») que, si se le hubiera hecho llegar por separado, podría haber tenido un impacto significativo tanto en el rendimiento como en la moral del equipo. Si deseas dar feedback de forma que no sea confuso ni se interprete como un ataque inesperado, aquí te explicamos cómo hacerlo.

Describe el comportamiento que quieres reforzar o corregir

Este primer paso debería estar libre de juicios («Has tenido un comportamiento inadecuado en la reunión») y, en cambio, servirse solo del lenguaje descriptivo («Me he dado cuenta de que has interrumpido dos veces al cliente en la reunión»). Esta habilidad para separar las *observaciones* de las *interpretaciones* es fundamental para dar feedback eficaz, porque limita las posibilidades de desacuerdo («No me comporté de forma inadecuada, me limité a ir al grano. ¿Acaso no es uno de nuestros valores?») y mantiene el foco de la conversación en los hechos observables.

Explica las consecuencias de ese comportamiento

Esto es lo que otorga relevancia al feedback. La gente necesita saber cuáles son los riesgos de sus acciones. Cuando comentes las consecuencias, evita ponerte en el centro del debate («Me has hecho quedar mal») y céntrate en tu interlocutor: «Has perdido una gran oportunidad para conocer mejor a nuestro cliente». Si se trata de un comportamiento habitual, no evites comentar los efectos que causa en tu relación con el resto del equipo: «Esto me empieza a frustrar y genera tensión en el equipo»). La relación que mantiene un trabajador con su jefe es un elemento crucial para el ambiente laboral, y si se ve comprometida es básico que tu interlocutor lo sepa.

Expresa con claridad qué quieres que hagan

Esto puede lograrse con una instrucción directa (por ejemplo: «La próxima vez, si se te ocurre una idea mientras el cliente está hablando, anótala y espera a que termine antes de intervenir»). También puedes invitarle a la reflexión preguntando qué podría hacer en una situación similar; elige esta fórmula si no hay una conducta específica que desees fomentar. Porque no es justo forzar a nadie a adivinar lo que esperas de ella o él. Sea como sea, en ambos casos el cierre debe enfocarse en el futuro. Nadie puede cambiar los hechos pasados, y preguntas del tipo: «¿Por qué interrumpiste?» suelen percibirse como un reproche más que como un consejo constructivo. El propósito de una conversación de feedback es facilitar un cambio positivo de cara al futuro.

Veamos un ejemplo reciente que sucedió en nuestra colaboración con un importante banco para particulares. Este tenía como objetivo aumentar la inversión de su cartera de clientes, sobre todo captándoles para el negocio hipotecario. Un gerente observó que un representante de una sucursal procesaba con gran eficacia una solicitud para un cheque certificado de 10.000 dólares, pero no indagó sobre el propósito de esos fondos.

Ante un desempeño que combinaba aciertos y oportunidades de mejora, la reacción natural del gerente fue recurrir al clásico feedback sándwich: «Excelente trabajo. Has gestionado con mucha agilidad la orden de pago; lograste que el cliente fuera atendido de manera rápida y eficaz. Sin embargo, en ese afán de eficiencia, no preguntaste para qué necesitaba el dinero. Habríamos podido detectar una oportunidad para explicarle nuestras soluciones hipotecarias, que en este momento son clave para el banco. Ahora bien, algo que suelo destacar es la calidad del vínculo que mantienes con tus clientes».

¿Cuál fue el resultado? Mensajes contradictorios y falta de claridad.

Por ello, propusimos al gerente una alternativa más eficaz: «He visto que, cuando el cliente ha solicitado un cheque certificado, has procesado la transacción con rapidez, pero sin hacer preguntas que te permitieran conocer su contexto. Como consecuencia, es posible que hayamos perdido una oportunidad para fortalecer la relación con ese cliente. La próxima vez, por favor, dedica unos minutos a escuchar la historia del cliente. ¿Qué tipo de preguntas crees que podrías haberle hecho?».

Este tipo de feedback es claro y respetuoso, y resulta mucho más probable que genere reflexión y no que active una respuesta defensiva.

Este enfoque también es aplicable al hecho de dar feedback positivo. Ante un trabajo destacado, evita comentarios genéricos como «¡Excelente informe!». Elige, mejor, algo más concreto: «Vi que pusiste las conclusiones al inicio del informe y las expresaste en un lenguaje claro y directo. Eso facilitó mucho la lectura y me permitió enviarlo de inmediato a la alta dirección, destacando tu nombre y tu esfuerzo. Me gustaría que adoptases este formato para todos los informes futuros. ¿Podrías comentarlo en nuestra próxima reunión de equipo?». Tomarse el tiempo para describir una conducta, vincularla con sus efectos y plantear un paso siguiente que sea concreto aumenta de forma considerable las probabilidades de consolidar el comportamiento deseado, en lugar de limitarse a generar una gratificación momentánea.

Recuérdalo, para lograr mejores resultados renuncia al feedback sándwich y céntrate en la conducta específica que deseas que esa persona modifique o consolide. Explica con claridad por qué es relevante y reflexiona con tu interlocutor sobre cómo llevarla a la práctica. Descubrirás que este enfoque es mucho más eficaz para impulsar el desarrollo profesional y mejorar el desempeño de manera sostenida.

DANE JENSEN es CEO de Third Factor, una firma interdisciplinar especializada en desarrollo del liderazgo, con presencia en los sectores deportivo, empresarial, académico y gubernamental. Es profesor afiliado en la Kenan-Flagler Business School, de la Universidad de Carolina del Norte. También da clases en la Smith School of Business de la Universidad Queen's en Canadá y es autor del libro *The Power of Pressure*. PEGGY BAUMGARTNER es directora de aprendizaje (*Chief Learning Officer*) de Third Factor y también forma parte del cuerpo docente de la Smith School of Business, en la Universidad Queen's.

Reeditado del contenido publicado en hbr.org
el 17 de febrero de 2021 (producto #H066ZX).

9

Cómo tener conversaciones difíciles con tu jefe

Tijs Besieux

Para Tariq, cinco meses después de iniciar su formación en una agencia de publicidad internacional, todo iba viento en popa. Todo salvo un detalle: Daniel (los nombres son ficticios para proteger la identidad de los protagonistas de esta historia).

Con un historial envidiable, mucha experiencia y un entusiasmo contagioso, el supervisor de Tariq podía ser un valioso apoyo en muchas ocasiones. Sin embargo, en otras, Daniel traspasaba ciertos límites, en especial durante las reuniones de equipo. Por ejemplo, a pesar de sus buenas intenciones, interrumpía a Tariq con frecuencia para completar o extender los argumentos que este intentaba presentar.

Cuando vino a verme, Tariq me comentó sus frustraciones y su temor a parecer incompetente ante sus compañeros. No sabía si debía comentárselo a Daniel. «¿Tendría que mirar hacia otro lado? —me preguntó—. Hemos de trabajar juntos todos los días y no quiero generar una situación tensa o incómoda».

Muchos trabajadores pueden verse reflejados, y lo comprendo a la perfección. Tanto si se trata de que tu superior te interrumpe una y otra vez o te critica en público como si adopta un tono condescendiente u otra conducta inapropiada, darle feedback negativo casi nunca es una tarea sencilla.

Entonces, ¿qué debes hacer?

Paso 1. Cuestiona tu percepción

Antes de decidir qué hacer, Tariq y yo mantuvimos varias conversaciones. El primer paso fue plantearnos dos preguntas fundamentales:

1) ¿Estás exagerando la situación?

Antes de dar cualquier paso es importante reflexionar de forma honesta sobre si el problema justifica en realidad una conversación. Si tu jefe tuvo un mal día y reaccionó de forma inusual una sola vez, es probable que no valga la pena darle importancia al asunto. Pero si el comportamiento se repite con frecuencia, entonces sí podría requerir una intervención.

En el caso de Tariq, si su supervisor lo hubiera interrumpido solo una vez para aportar algo valioso a su presentación o señalar un punto crítico, quizá no habría sido necesario plantear una conversación de feedback.

Por desgracia, no se trataba de un incidente aislado.

2) ¿Las posibles consecuencias superan a los beneficios potenciales? En otras palabras, ¿es importante esta situación para ti?

Si tu jefe ha demostrado suficiente compromiso con tu crecimiento profesional y te impulsa a mejorar tu rendimiento, es importante reflexionar si darle este feedback podría afectar de forma negativa a la relación.

¿Mostrará receptividad a tus comentarios o interpretará que no quieres su ayuda y se pondrá a la defensiva?

Una manera de evaluar esto es observar cómo reacciona tu jefe ante el feedback que recibe de otras personas. También puedes consultar a tus colegas para obtener su perspectiva o intentar sonsacarle información mediante comentarios neutrales o positivos y observar su respuesta.

Si descubres que una interacción directa no es el mejor enfoque, explora otras alternativas, como encuestas anónimas para trabajadores.

Paso 2. Prepárate

Si tras responder a estas preguntas has decidido seguir adelante con el planteamiento de una conversación directa, es momento de actuar de forma proactiva. Aquí te presento cuatro pasos clave para prepararte.

1) Reserva una fecha en la agenda de tu jefe

Procura tener la conversación como mucho un par de días después del suceso, para que los detalles sigan frescos en la mente de las partes involucradas. Informa a tu jefe (de manera presencial o por correo electrónico) de que deseas reunirte un momento y exponle con claridad el tema que quieres tratar.

Podrías decir algo del tipo: «Me gustaría saber si esta semana tienes una media hora para conversar. Quisiera hablar contigo sobre nuestra última reunión de equipo, pero creo que sería más útil hacerlo de forma individual».

Envíale una invitación por correo electrónico para que reserve ese hueco en su agenda. Lo ideal es que sea por la mañana o temprano por la tarde; no hay nada más estresante que esperar horas para tener una conversación difícil. Asegúrate de que la invitación tenga un título claro que le recuerde a tu jefe el tema a tratar. Por ejemplo, «Feedback sobre nuestra reunión de equipo del jueves» es mucho más específico que algo tan vago como «Reunión rápida».

2) Antes de la reunión, identifica lo que quieres decir

Este paso es importante, porque marcará el tono del resto de la conversación. Tariq se preparó esta declaración para empezar la reunión:

> *«Gracias, Daniel. Aprecio de verdad el tiempo que me estás dedicando hoy. Hay algo de la última reunión de equipo que todavía me ronda por la cabeza. Me gustaría comentarte cómo me sentí, porque creo que la honestidad es importante para mantener una relación sólida. ¿Te parece bien?».*

Fíjate en la forma en que se expresa Tariq:

- Expresa gratitud.
- Expone el problema de forma constructiva.
- Pregunta a Daniel si está de acuerdo con tratar el asunto en cuestión. Es un método conocido como «proceder por acuerdo».

Gracias a la teoría de la negociación, sabemos que lograr que alguien diga que sí unas cuantas veces al comienzo de una conversación genera un clima más constructivo. En cambio, cuando no se le pide de forma explícita que esté de acuerdo con algo, le resulta más fácil retirarse o cambiar de tema más adelante.

3) Elige una estrategia de feedback

Aunque existen muchas formas de dar feedback, aconsejé a Tariq que probara con el modelo SBI (Situación-Comportamiento-Impacto), un enfoque directo de tres pasos que prepara el terreno para el diálogo.

Cuando se aplica de manera correcta, el modelo SBI evita emitir juicios, lo que lo convierte en una herramienta muy eficaz para abordar conversaciones difíciles. Al ser específico y evitar generalizaciones, aumentas las probabilidades de que los demás escuchen y consideren tu feedback en lugar de rechazarlo.

En el caso de Tariq, así se aplica cada paso del modelo SBI:

- Señala cuándo y dónde ocurrió un comportamiento específico (la situación) para dar contexto: Durante la reunión de equipo de este jueves, mientras presentaba los resultados de la investigación de mercado...
- Describe al detalle lo que viste o escuchaste (el comportamiento específico): Durante la reunión de equipo de este jueves, mientras presentaba los resultados de la investigación de mercado, me di cuenta de que me interrumpiste en tres ocasiones...
- Expón las consecuencias (cómo te afectó ese comportamiento): Durante la reunión de equipo de este jueves, mientras presentaba los resultados de la investigación de mercado, me di cuenta de que me interrumpiste en tres ocasiones, lo cual me hizo sentir minusvalorado y restó fluidez a mi exposición.

Ante todo, es fundamental la precisión con las palabras. Si Tariq optara por un término vago como «con frecuencia» en lugar de decir «tres veces», estaría dejando su feedback sujeto a interpretaciones, lo que podría derivar en una discusión innecesaria sobre el significado exacto de «con frecuencia».

4) Ensaya

Aunque el modelo pueda parecer breve y directo, es más difícil de lo que parece, en especial si te dominan los nervios. Por supuesto, si nunca has tenido este tipo de conversación es importante que recuerdes que un estado de nervios es completamente natural.

Ensayar lo que vas a decir con antelación te ayudará a calmarte y a comunicar tu mensaje de la manera más clara posible.

En este paso, hay tres personas que te serán muy útiles: un amigo, un colega de confianza o un mentor. Ensaya tu mensaje con alguno de ellos o incluso con los tres. Después de practicar, pregúntales lo siguiente:

- ¿Mi mensaje suena auténtico?
- ¿Has comprendido el núcleo de mi mensaje?

- ¿Cómo te sentirías después de escuchar esto?

Cuando Tariq ensayó conmigo el modelo SBI, presentó su declaración y luego la repitió de diferentes maneras sin detenerse y darme espacio para responder. A menudo, por los nervios, tendemos a hablar en exceso, ya que nuestra capacidad de autocontrol disminuye. Después de advertírselo a Tariq, su manera de comunicar fue mucho más precisa y concisa.

Asimismo, ensayar tu argumentación te permitirá identificar los momentos en los que quieres reiterar un aspecto importante y cuándo es mejor guardar silencio e invitar a la participación de tu interlocutor.

Paso 3. La conversación

Ahora que has definido lo que deseas comunicar y cómo hacerlo, es el momento de tener esa reunión. Recuerda no tratarte con mucha dureza. A veces, la realidad puede ser distinta a lo que tenías preparado.

Dicho esto, incluso con mucha práctica, es natural experimentar ansiedad si es la primera vez que afrontas una conversación sensible con tu jefe. El verdadero reto está en trasmitir el mensaje.

Una vez que hayas comunicado tu mensaje principal, toma aire y concede a tu jefe el tiempo necesario para reflexionar y responder. Aunque en esas circunstancias unos segundos puedan parecer una eternidad, es importante ser paciente. Seguro que no quieres interrumpir a la otra persona en su turno de palabra.

Cuando Tariq habló con su jefe al fin, tal como habíamos practicado, Daniel se tomó un minuto para asimilar el mensaje. Luego le miró, sorprendido, y dijo: «Tariq, lo lamento mucho. No tenía ni idea de que lo había hecho tantas veces. Nunca nadie me había advertido antes sobre esto. No pretendía invadir tu espacio, pero me disculpo. No pensé en cómo te afectaría. Aprecio que hayas venido a hablar conmigo. Gracias por tratar este tema».

Aunque en este caso los resultados de la conversación fueron excelentes para ambas partes, hay que tener claro que no todos los jefes reaccionarán de la misma manera. Si te encuentras con una respuesta airada o defensiva, existen varias estrategias para suavizar la situación:

- Discúlpate por el efecto de tus palabras (no por tu comportamiento), explica tu intención y solicita una aclaración: «Lamento que mis palabras te hayan molestado. Mi objetivo era tener una conversación que me permitiera crecer y mejorar nuestra colaboración. ¿Podrías ayudarme a entender qué parte de mi feedback te ha afectado?».

- No digas nada. A veces, guardar silencio ayuda a reducir la tensión, dejando espacio para que la otra persona se desahogue. Permítele que termine de hablar antes de considerar el siguiente paso.

- Aléjate (con respeto). Si Daniel hubiera reaccionado mal, habría sido prudente por parte de

Tariq finalizar la reunión para evitar que la situación fuera a peor. Tariq podría haber dicho: «Lamento que esto te haya molestado. Tal vez podamos hablar del tema en otro momento». Así dejaría lugar a un periodo de reflexión antes de volver a abordar el tema (si el comportamiento continuara).

Paso 4. Finaliza con un agradecimiento

Si tu jefe ha dedicado tiempo a escucharte y atender tus inquietudes, asegúrate de expresarle agradecimiento. Mostrar gratitud no solo mejora el bienestar, también fortalece las relaciones laborales.[1]

Toma como ejemplo a Tariq, quien cerró la conversación con las siguientes palabras: «Gracias, Daniel, por tomarte el tiempo para escucharme. Es muy gratificante comprobar tu compromiso en ayudarme a crecer. Me siento orgulloso de ser parte de este equipo y de trabajar bajo tu liderazgo».

Dar feedback, en especial a tu jefe, puede parecer una tarea peliaguda y, sin embargo, es fundamental. La relación entre gerentes o mandos y personal no solo es un indicador clave para el rendimiento del equipo, además ejerce un gran impacto en tu propio crecimiento y desarrollo.[2] Utiliza el modelo SBI para orientar tus esfuerzos; no te arrepentirás de abordar los temas importantes si lo haces de manera considerada y reflexiva.

TIJS BESIEUX es investigador independiente en la Escuela de Negocios de Harvard y asesor en desarrollo de liderazgo.

Notas

1. Lisa Ritzenhöfer *et al.*, «Leader Pride and Gratitude Differentially Impact Follower Trust», *Journal of Managerial Psychology* 32, n.º 6 (2017): 445–459.
2. Robin Martin *et al.*, «Leader-Member Exchange (LMX) and Performance: A Meta-analytic Review», https://publications.aston.ac.uk/id/eprint/25376/1/Leader_Member ExchangeLMXandperformance.pdf

Reeditado del contenido publicado en hbr.org
el 3 de diciembre de 2020 (producto #H061FT).

10

No dejes que los mecanismos de defensa de tu cerebro interfieran en tu feedback

James R. Detert y Ethan Burris

El cerebro humano es muy protector, por eso detectamos y respondemos al peligro de manera automática. Esto resulta muy útil cuando la amenaza es real, es decir, cuando tenemos enfrente un león hambriento o a un jefe fuera de sus cabales. Sin embargo, con frecuencia percibimos más peligro del que en realidad existe, y eso puede perjudicarnos.

Piensa, por ejemplo, en lo fácil que resulta autoengañarse (y considerar las respuestas como «negativas») al plantear una conversación honesta pero difícil con un colega o jefe. Y también lo fácil que es pensar que te atacan y sentirte vulnerable al recibir feedback negativo. Como pocas veces cuestionamos estas reacciones para evaluar su precisión, el pensamiento se descontrola de inmediato y se convierte en un lastre. Ese «radar de peligro» tan sensible que tenemos prefiere la seguridad a corto plazo, pero a la larga mina los objetivos más generales, como tener conversaciones honestas que ayuden a aprender sin afectar en un nivel emocional a ninguna de las partes.

Entonces, ¿cómo es posible aprender a cuestionar nuestros patrones automáticos de pensamiento (a menudo inexactos) y reemplazarlos por interpretaciones más realistas y constructivas? Esta es la pregunta que aborda la terapia cognitivo-conductual (TCC), desarrollada hace décadas por el psiquiatra Aaron Beck, entre otros, con el fin de ayudarnos a deshacernos de los sentimientos de miedo, inseguridad, duda y pérdida de confianza derivados del pensamiento distorsionado.

Para comprender cómo aplicar esta terapia en un contexto empresarial, fíjate en los siguientes tipos de trampas cognitivas que hemos observado en numerosas ocasiones a lo largo de años de investigación sobre la voz y el silencio en el entorno laboral.[1] A continuación, bajo cada una de las descripciones y los ejemplos de distorsión, explicamos cómo emplear los principios y técnicas clásicas de la TCC para replantear tus pensamientos automáticos iniciales y lograr mucha más eficacia al dar y recibir feedback de manera productiva.

Pensamiento del todo o nada: ver las cosas como blancas o negras, buenas o malas.

Ejemplo de distorsión: un gerente que era receptivo a las sugerencias, pero que, antes de continuar, frustraba a su personal pidiéndoles todo el tiempo datos e informes para respaldar sus ideas. ¿Por qué? Porque cuando pensaba en aplicar las sugerencias o en presentarlas a sus propios superiores, lo paralizaban pensamientos del tipo: «Si esto no sale perfecto, voy a parecer un completo idiota» o «Si nos equivocamos con esto, nuestra carrera habrá llegado a su fin».

Interpretación alternativa: en realidad, casi ninguna idea es perfecta cuando se aplica por primera vez, los resultados suelen ser una de cal y una de arena. Y esperar a que las ideas sean perfectas supondría no actuar nunca. Por eso es buena opción aplicar las nuevas ideas una vez que se evalúe de forma razonada su potencial, y luego hacer mejoras basadas en observaciones y feedback. Por tanto, rompe esa parálisis aprendiendo a reemplazar el pensamiento inicial, en términos absolutos, por interpretaciones más realistas. Por ejemplo: «Si esto no sale perfecto, tendremos suficientes datos para justificar nuestra decisión inicial y ajustarnos a la situación con rapidez» y «Si nos equivocamos con esto, será decepcionante, pero también aprenderemos mucho». Este tipo de mentalidad se basa en la convicción de que es posible aprender y mejorar, en lugar de en la creencia errónea de que hay que ser perfecto desde el principio o seremos un completo fracaso.

Generalizar en exceso: considerar un solo evento negativo como un patrón general y duradero.

Ejemplo de distorsión: una trabajadora le dio feedback a su jefe sobre su propuesta, tal como él había solicitado. Cuando él reaccionó poniéndose a la defensiva, ella se desconcentró y no logró explicar de forma tranquila y convincente la lógica de sus críticas. Luego se dijo a sí misma: «He metido la pata, como siempre», y se prometió no ser tan directa la próxima vez.

Interpretación alternativa: si se hubiera esforzado por recordar ejemplos de ocasiones en las que su feedback fue bien recibido, esta trabajadora habría podido hacerlo sin dificultad. Es decir, habría resultado más saludable y preciso para ella pensar: «He metido la pata esta vez, pero también tengo experiencias positivas». Palabras como «siempre» y «nunca» son señales de alerta y recordatorios útiles para reflexionar con más cuidado sobre lo que en realidad podría estar sucediendo en cada situación específica.

Pensamientos catastrofistas: exagerar de forma negativa el tamaño, alcance, duración, magnitud o importancia de un evento, pensamiento o sentimiento.

Ejemplo de distorsión: cuando a varios directivos de una multinacional se les preguntó por qué tenían miedo de expresarse en el trabajo, varios respondieron: «No quiero perder mi empleo por decir la verdad».

Interpretación alternativa: ninguno de ellos pudo mencionar algún ejemplo de despido por esta causa. Por lo tanto, podrían haberse replanteado sus miedos iniciales y elegir una perspectiva como la siguiente: «Si hablo y las cosas no salen bien, será incómodo, pero lo superaremos» o «Decir la verdad podría molestar por un momento a mi jefe, pero es poco probable que me penalicen por ello».

Razonamiento emocional: concluir que algo es cierto solo porque es lo que sientes en el momento.

Ejemplo de distorsión: un ejecutivo que había dirigido con éxito numerosas iniciativas y recibido varios premios en su antigua empresa se sentía menospreciado e ignorado en las reuniones de su nueva empresa. «Solo quieren que me calle porque sienten que soy una amenaza para ellos —pensaba sin poder evitarlo—. Me tienen demasiada envidia para valorar mis aportaciones».

Interpretación alternativa: en realidad, la mayoría de sus colegas tenían demasiadas ocupaciones o simplemente se centraban en sus propias ideas. No había animosidad hacia él ni hacia sus propuestas, y mucha gente esperaba con entusiasmo colaborar con él en nuevos proyectos. Habría podido darse cuenta de esto si hubiera cuestionado sus reacciones iniciales con pensamientos del tipo: «Estoy acostumbrado a una reacción diferente, pero eso no significa que no me valoren o aprecien» y «Debería preguntar a algunas personas cómo perciben en realidad mis aportaciones». Esto no siempre es fácil de lograr por tu cuenta (ya que las emociones encuentran la manera de «secuestrar» el pensamiento), de modo que puede ser de ayuda pedir a un colega de confianza que te dé feedback objetivo después de las reuniones.

El *autodiálogo positivo*, otra técnica de la TCC, también es una potente herramienta. No solo mejora la eficacia al dar y recibir feedback; además mejora la respuesta ante otros sucesos estresantes e incluso ante el propio estrés. Diversos estudios al respecto han demostrado que percibir el estrés como un elemento nocivo en lugar de como un factor que mejora el rendimiento tiene consecuencias bastante negativas en cómo las personas abordan las actividades estresantes.[2] Además, la propia forma de pensar (que controla cada cual, no los demás) ejerce una influencia significativa en la salud a largo plazo. En resumen, así como replantear los propios pensamientos y respuestas es positivo, considerar el feedback honesto como productivo y útil tal vez nos haga más eficaces tanto al darlo como al recibirlo.

Usar estas herramientas para presionar el botón de «reinicio» en tus pensamientos y emociones te permitirá ganar perspectiva, de manera que seas capaz de ver las intenciones y reacciones de los demás como son en realidad.

JAMES R. DETERT es autor de *Choosing Courage* y profesor de Administración de Empresas en la Escuela de Negocios Darden de la Universidad de Virginia. ETHAN BURRIS ocupa la Cátedra Neissa de Negocios y es director del Centro de Liderazgo y Ética en la Escuela de Negocios McCombs de la Universidad de Texas en Austin.

Notas

1. James R. Detert y Ethan Burris, «Can Your Employees Really Speak Freely?», Harvard Business Review, enero-febrero de 2016, https://hbr.org/2016/01/can-your-employees-really-speak-freely
2. «Rethinking Stress Toolkit», Stanford SPARQtools, https://sparqtools.org/rethinkingstress/

Reeditado del contenido publicado en hbr.org el 18 de agosto de 2016 (producto #H032NN).

11

Cómo pueden los líderes abordar temas delicados en sus equipos

Dina Denham Smith

Esas preocupaciones sobre la calidad de un nuevo producto prometedor que no se comparten con nadie. Esas tensiones y conflictos evidentes entre dos miembros del equipo que se pasan por alto. Esa distancia entre el potencial del equipo y su rendimiento actual que nadie se atreve a mencionar.

A pesar del esfuerzo por promover entornos laborales seguros desde el punto de vista psicológico, en muchos equipos sigue habiendo temas intocables: asuntos demasiado difíciles de abordar o que se perciben como excesivamente polémicos para hablarlos en público. El elemento que caracteriza estos asuntos tabú es que, de manera consciente o inconsciente, nos permiten evitar el malestar y el conflicto a corto plazo. Pero, además, se producen por una brecha en la percepción: los líderes tienden a sobrestimar la libertad que los miembros del equipo sienten que tienen para hablar.[1] Dicho de otro modo, los líderes experimentan más seguridad psicológica que sus trabajadores, y un efecto de falso consenso les lleva a asumir que el resto del equipo comparte sus percepciones y experiencias.

El reto de abordar los temas intocables se ha acentuado con la división de equipos y la comunicación virtual, factores que dificultan aún más la expresión de ciertas inquietudes y la detección de señales de incomodidad. No obstante, impedir que estos temas salgan a la luz puede deteriorar las relaciones laborales y dar lugar a reuniones carentes de un debate productivo. Incluso, con el tiempo, esta omisión puede llegar a minar la capacidad del equipo para resolver problemas, aprender de la experiencia y mejorar su desempeño.

Por lo tanto, identificar y afrontar a tiempo los asuntos tabú resulta esencial para proteger la moral del equipo y su rendimiento colectivo. A continuación, te mostramos cómo hacerlo.

Acepta que los elefantes existen

Hay múltiples señales clásicas que indican la presencia de temas tabú: consensos rápidos, ausencia de debate constructivo o participación desigual. Pero hay más: conflictos recurrentes dentro del equipo, comunicación indirecta y triangulada, o personas que muestran desinterés o desconexión, entre otras situaciones.

Incluso si no detectas estas señales de forma evidente en tu equipo es razonable asumir que, aun así, habrá gente en él que no expresará ciertos pensamientos y emociones que, si se abordaran, podrían contribuir de forma significativa a mejorar la dinámica y la productividad del grupo. En un estudio al respecto se halló que más del 85 % de la plantilla admitía haber evitado plantear cuestiones importantes a su superior.[2]

Las razones de este silencio son diversas: temor a represalias, falta de motivación ante problemas que parecen enquistados, pensamiento grupal, o incluso el natural deseo humano de agradar y sentirse aceptado. Además, los miembros del equipo pueden dudar de la validez de sus propias preocupaciones o no saber cómo ni cuándo plantearlas.[3]

Como líder, recae en ti la responsabilidad de acabar con estos «elefantes en la habitación». De no hacerlo, te convertirás en cómplice de su permanencia.

Revisa tus propios temores

Es natural sentir aprensión ante la idea de sacar a la luz temas silenciados o abordar asuntos que percibes como delicados o controvertidos. Es posible que temas abrir la caja de los truenos, exponer un problema sin solución, acabar siendo cabeza de turco o agotar la paciencia del equipo.

Sin embargo, como resultado del sesgo de aversión a la pérdida, es probable que estés exagerando los riesgos de hablar sobre ciertas cosas y, en cambio, subestimando las consecuencias de quedarte de brazos cruzados. Estos temas pendientes pueden ser, en realidad, los mayores obstáculos para la cohesión, la moral y el desempeño del equipo.

Abordar lo que habitualmente no se dice puede implicar hacer frente a verdades incómodas y tener la valentía de sostener conversaciones difíciles. Pero tales conversaciones suelen ser complicadas solo en el momento de iniciarlas; en la práctica he observado que sacar a la luz esos temas delicados suele generar más bien alivio colectivo. Una vez expuesto el obstáculo, los equipos tienden a unirse en la búsqueda de soluciones.

Observa y regula cómo respondes ante los desafíos

Debido a tu posición de autoridad, los miembros de tu equipo observan de manera constante tus acciones, tus palabras y tu lenguaje corporal para inferir cómo deben comportarse. Si perciben que podrías reaccionar de forma negativa o exagerada ante información desafiante, eso obstaculizará cualquier intento de abordar los temas intocables.

Por ello, es esencial que observes y regules de modo consciente tus reacciones frente a situaciones difíciles o información incómoda. Los eventos negativos ejercen una influencia mayor que los positivos en la conducta humana.[4] Por tanto, igual que con la construcción de un entorno de seguridad psicológica, es necesario minimizar (lo ideal sería eliminar) las consecuencias negativas de hablar con franqueza y, al mismo tiempo, amplificar los beneficios de hacerlo.

Por lo tanto, cuando alguien cuestione tus ideas o te dé feedback negativo, resiste el impulso de defenderte o justificarte, y adopta una actitud abierta con frases como las siguientes: «Cuéntame más» o «Ayúdame a entender». Da las gracias con sinceridad a quienes se atreven a hablar de forma abierta, tanto en público como en privado. Incluso si no puedes poner en práctica su sugerencia, demuestra de forma explícita tu aprecio por esa contribución.

Si no sabes con seguridad cómo te percibe tu equipo o te cuesta regular tus respuestas en situaciones de estrés o ante información compleja, considera la posibilidad de trabajar con un coach profesional.

Comunica tus intenciones y reconoce la realidad

No dejes a tu equipo preguntándose qué pretendes. Explícales con claridad por qué deseas sacar a la luz los temas que no se han expresado de manera abierta y cómo la participación de todo el mundo es clave en ese proceso. Podrías decir, por ejemplo: «Me comprometo a generar una comunicación más abierta y a abordar cualquier factor que esté limitando el rendimiento del equipo. Sé que puede resultar incómodo, pero confío en que seremos capaces de afrontarlo en equipo. No puedo hacerlo por mi cuenta: tanto la voz como las ideas propias y ajenas marcarán la diferencia».

Habrá ocasiones en que los temas que el equipo plantee se salgan de tu ámbito de decisión; por ejemplo, un cambio estratégico impuesto por la dirección de la empresa. En tales casos es importante aclarar que abrir estos espacios de diálogo no garantiza un cambio inmediato. A menudo, la gente asocia el hecho de ser escuchada con que sus propuestas se llevarán a cabo, por lo que conviene gestionar esa expectativa de forma trasparente desde el principio.

Busca, además, otras formas de reforzar tu compromiso con la trasparencia y la comunicación abierta. Por ejemplo, muchas empresas hacen encuestas internas o entrevistas que acaban revelando tensiones o retos latentes en los equipos. Sin embargo, con demasiada frecuencia esa información no se comparte ni se traduce en acciones concretas. Haz, pues, que sea una práctica habitual revisar y debatir esos datos de forma abierta y con la mayor amplitud posible.

Replantea tu enfoque en las reuniones cara a cara

La investigación sobre este tema ha demostrado que las reuniones individuales son más eficaces cuando el orden del día se centra en los temas que más importan a cada trabajador.[5] Por tanto, reúnete con regularidad con tu personal y adopta este hábito para potenciar tanto la productividad como la eficacia del equipo. Al mismo tiempo, fomentarás la confianza y la seguridad psicológica necesarias para que se comuniquen contigo con mayor libertad.

Destina de forma expresa una de estas reuniones (mensual o bimensual) a preguntar a cada cual sobre sus experiencias y observaciones como miembro del equipo. Una actitud abierta y receptiva no es suficiente para que tu personal hable con libertad; debes preguntar de forma explícita. Por ejemplo:

- ¿Qué problemas crees que estoy pasando por alto en el equipo?

- ¿Qué podría estar ocurriendo y no me estoy dando cuenta?
- ¿Qué aspecto consideras que podría mejorar la dinámica del equipo?
- ¿De qué forma puedo ayudarte mejor?

Define el propósito de esta reunión con antelación y hazles llegar las preguntas antes, para que tengan tiempo de reflexionar sobre sus respuestas.

Haz un esfuerzo especial por pedir con frecuencia sus observaciones a los nuevos integrantes del equipo, así como a terceros (como consultores o colaboradores externos) que trabajen de forma habitual con el equipo. Una vez que todo el mundo se sumerge en su propia cultura puede resultar difícil identificar ciertas normas tácitas que inhiben conversaciones importantes. En cambio, las personas recién llegadas y los observadores externos suelen detectar con mayor facilidad patrones ineficaces y temas que se están evitando o minimizando.

Fomenta la autorreflexión periódica con tu equipo

Las reuniones de equipo y los encuentros fuera de la oficina suelen centrarse en las tareas y los proyectos, dejando en segundo plano el análisis del funcionamiento del equipo. Por tanto, para destapar los temas difíciles y evitar que se acumulen es crucial reservar un tiempo que permita reflexionar sobre la dinámica del equipo.

Inicia la conversación identificando el «elefante en la habitación», es decir, el tema que todo el mundo percibe, pero que nadie menciona. Por ejemplo: «Aseguramos que valoramos el conflicto productivo, pero no siento que esté escuchando todas las opiniones durante nuestras reuniones» o «Noto una cierta tensión en el ambiente y parece que estamos evitando hablar de ello». Expón con claridad tu intención de comprender al equipo y colaborar con él para abordar el tema, utilizando frases del tipo: «Me gustaría entender mejor lo que está ocurriendo. ¿Qué opina cada cual al respecto?».

A medida que los miembros del equipo sientan más comodidad con este proceso, plantea preguntas más directas, del tipo: «¿Cuáles son los principales obstáculos para el éxito del equipo que aún no hemos discutido?» o «¿Qué estamos evitando tratar que podría ayudarnos a mejorar como equipo?». Para aumentar la libertad de palabra y fomentar una mayor participación, puedes dividir a tu equipo en parejas o tríos para discutir estas preguntas y luego que cada minigrupo comparta sus conclusiones con el resto.

Si tras estos intentos lo único que obtienes es silencio, una opción útil puede ser salir un momento, como hizo uno de mis clientes con un equipo particularmente reticente a pronunciarse. Podrías decir algo así: «Siento que quedan cosas por decir. Probemos a ver si salir unos minutos ayuda. Cuando regrese, me gustaría que compartiésemos perspectivas y preocupaciones como equipo».

Una vez que hayas sacado a la luz uno o más de estos «elefantes», es fundamental aclarar qué aspectos están bajo el control del equipo y cuáles no, colaborar en la definición de los siguientes pasos y ser trasparente acerca de cómo se gestionarán las inquietudes que se han planteado.

Sacar a la luz los asuntos «subterráneos» de tu equipo puede resultar incómodo, pero no dudes de que debe convertirse en una práctica habitual. De lo contrario, estos temas seguirán acumulándose en segundo plano y terminarán afectando el rendimiento del equipo. Tal vez no puedas resolver todos los problemas de inmediato, pero al mencionarlos al menos perderán parte de su poder. Y algunos, con el tiempo, se acabarán solucionando.

DINA DENHAM SMITH es coach ejecutiva para directivos de marcas líderes a nivel mundial como Adobe, Netflix, PwC, Dropbox, Stripe y numerosas empresas de rápido crecimiento. Su libro *Emotionally Charged: How to Lead in the New World of Work* se ha publicado en febrero de 2025. Contacta con ella en LinkedIn.

Notas

1. «New Wiley Survey Reveals Gaps in Levels of Psychological Safety Between Employees and Executives» Wiley Press, 27 de septiembre de 2023, https://newsroom.wiley.com/press-releases/press-release-details/2023/New-Wiley-Survey-Reveals-Gaps-in-Levels-of-Psychological-Safety-Between-Employees-and-Executives/default.aspx
2. Frances J. Milliken, Elizabeth W. Morrison y Patricia F. Hewlin, «An Exploratory Study of Employee Silence: Issues That Employees Don't Communicate Upward and Why», Journal of Management Studies 40, n.º 6 (2003):1453–1476.
3. «Don't Mention It: How "Undiscussables" Can Undermine an Organization», Knowledge at Wharton podcast, 20 de diciembre de 2011, https://knowledge.wharton.upenn.edu/podcast/knowledge-at-wharton-podcast/dont-mention-it-how-undiscussables-can-undermine-an-organization/
4. Roy F. Baumeister et al., «Bad Is Stronger Than Good», Review of General Psychology 5, n.º 4 (2001): 323–370, https://doi.org/10.1037/1089-2680.5.4.3
5. Steven G. Rogelberg, «Make the Most of Your One-on-One Meetings», Harvard Business Review, noviembre-diciembre de 2022, https://hbr.org/2022/11/make-the-most-of-your-one-on-one-meetings

Reeditado del contenido publicado en hbr.org
el 4 de abril de 2024 (producto #H082BO).

12

Permite que tus trabajadores tengan debates acalorados

Liane Davey

Los grandes equipos son expertos en fomentar conflictos productivos con el objetivo de optimizar las ideas, impulsar la innovación y reducir los riesgos. Por desgracia, es posible que tu equipo sea uno de esos que prefiere dejar pasar los beneficios de los conflictos saludables porque no quiere o no puede gestionar las emociones que esos conflictos suelen provocar. Con demasiada frecuencia veo que los equipos evitan conversaciones importantes por temor a desencadenar una reacción emocional. Si es tu caso, ha llegado el momento de abordarlo.

En primer lugar, vale la pena considerar por qué, muchas veces, evitar los conflictos emocionales es una reacción comprensible. Por un lado, quienes ya han vivido conflictos difíciles pueden sentir que se les ha tachado de individuos inmaduros o poco profesionales. Tras ese golpe a su credibilidad es natural que ahora intenten evitar conversaciones potencialmente intensas que podrían volver a desestabilizarles. Y, por otro lado, están quienes por su estilo directo al afrontar los conflictos se han ganado fama de gente dura o insensible. Para estas personas resulta asimismo lógico evitar discusiones difíciles por miedo a decir algo demasiado directo. Como líder, es probable que tú también tengas experiencia con conflictos emocionales desagradables o improductivos, lo cual puede llevarte a proteger a tu equipo de conversaciones tensas o que generen confrontación. El problema es que, si ni tú ni tu equipo gozan de la suficiente preparación o comodidad para gestionar las emociones, lo más probable es que se acaben evitando los temas delicados. Y eso, con el tiempo, genera una «deuda de conflicto»: una acumulación de asuntos silenciados y sin resolver que terminan obstaculizando el progreso del equipo.

EL EJERCICIO DEL CÍRCULO

Una buena forma de normalizar los conflictos productivos en tu equipo es emplear un ejercicio que ayude a visualizar el valor de cada rol y las tensiones que deberían existir entre ellos. Se hace así: dibuja un círculo y divídelo en tantas secciones (o porciones) como roles haya en tu equipo. Para cada rol, plantea las siguientes preguntas:

1. ¿Cuál es el valor principal de este rol dentro del equipo? ¿A qué debería prestar atención esta persona que los demás pasan por alto? ¿Qué perderíamos si este rol no existiera?
2. ¿En qué grupo de interés se enfoca este rol? ¿A quién sirve? ¿Quién define el éxito de su trabajo?
3. ¿Qué tensión suele generar este rol en las discusiones del equipo? ¿Qué suele decir la persona que juega este rol y que con frecuencia incomoda a los demás?

(Continúa)

EL EJERCICIO DEL CÍRCULO

Responde a estas preguntas para cada miembro del equipo, completando cada sección del círculo con las respuestas. A medida que avanzas, enfatiza que las tensiones entre roles no solo son normales, sino también *necesarias*. Usa ejemplos de temas conflictivos que hayan generado bloqueos en el equipo para ilustrar el punto. Observa como tu personal empieza a comprender que muchos desacuerdos se deben, en realidad, a la falta de comprensión sobre el papel que juega esa tensión natural. Comenta cómo, de ahora en adelante, utilizaréis esas diferentes perspectivas como criterios para tomar decisiones.

Una vez terminado el ejercicio, notarás que en la gran mayoría de los casos, una vez que el equipo tiene toda la información sobre la mesa, logra ponerse de acuerdo en una decisión. Cuando eso no sea posible, lo mejor será delegar la decisión en el líder del equipo, quien deberá considerar todos los puntos de vista antes de decidir.

Si tu equipo no alcanza todo su potencial porque evita los conflictos y tu gente necesita ganar confianza para gestionar las emociones, hay varios pasos que se pueden seguir para lograrlo. Ahora bien, este cambio exigirá adoptar una nueva mentalidad, desarrollar ciertas habilidades y poner en práctica hábitos diferentes. Tales técnicas reducirán la probabilidad de que el miedo a las emociones limite el rendimiento del equipo.

El primer paso consiste en desarrollar una nueva forma de pensar sobre las emociones. Estas no son una debilidad humana, sino una parte esencial del sistema que nos ayuda a aprovechar oportunidades y protegernos de las amenazas. Por ejemplo, cuando cometes un error, tu reacción emocional hará que no olvides esa experiencia y te ayudará a no repetirla. Cuando dices o haces algo que pone en riesgo tu pertenencia a un grupo, experimentas una reacción emocional parecida al dolor físico; esa sensación desagradable te recuerda la importancia de mantener relaciones positivas. Nuestras emociones son una respuesta biológica básica al modo en que vivimos el entorno, *no* algo que podamos «dejar en casa» (como me dijo hace poco un ejecutivo). Las emociones no se deben evitar, más bien hay que prestarles atención y aprender de ellas.

Una vez que comprendes que las emociones influyen en la toma de decisiones, como líder es tu responsabilidad identificar de dónde provienen para aprender de ellas. Es fundamental recordar que, como el dolor físico, las emociones son síntomas, no diagnósticos. Si presencias una explosión emocional (como llanto, gritos o golpes en la mesa) es muy probable que esa persona esté sintiendo algún tipo de daño emocional. Ese dolor puede tener distintas causas: tal vez la conversación esté poniendo en duda una creencia muy arraigada para esa persona, presentando información nueva que le resulta incómoda, o haciéndole cuestionar su capacidad, su carácter o incluso su identidad. En cualquiera de estos casos, el cerebro interpreta que su mundo está siendo alterado y activa las señales de alerta. Tu labor consiste en identificar cuál es el daño concreto, para poder acompañar a la persona y ayudarla a aliviar ese malestar.

Cuando un miembro del equipo exprese una fuerte reacción emocional, limítate a decirle: «Esto es importante, ¿qué estoy pasando por alto?». La forma en que se lo digas es clave, porque esa persona no ha de sentirse avergonzada o estigmatizada, como podría ocurrir si dijeras: «Estás llorando, ¿por qué lloras?». La frase «esto es importante» funciona porque no da por hecho lo que esa persona está pensando o sintiendo (como haría un «te has molestado, dime qué te pasa». En cambio, esta fórmula genera un espacio para que llegues a comprender mejor lo que está ocurriendo.

Como apunte adicional diré que a menudo me preguntan si es mejor continuar con una conversación que se ha vuelto emocional, o hacer una pausa y retomarla más tarde. Siempre que sea posible, te animo a seguir adelante en ese momento. Primero, porque refuerza la idea de que las emociones no son tóxicas, sino una parte natural de la vida. Además, retomar una conversación emocional interrumpida puede resultar muy incómodo. Usa tu criterio. Si la otra persona está llorando o gritando hasta el punto de no ser capaz de recuperar el aliento, puedes decir: «Esto es importante, quiero entender qué está pasando. Tómate unos minutos para poner en orden tus ideas y volvamos a hablar por la tarde».

Volviendo a la conversación: mientras recibes la respuesta de tu interlocutor, demuestra que estás escuchando. Haz preguntas que le ayuden a organizar sus ideas. Por ejemplo, puedes decir: «¿Cómo te imaginas que se va a desarrollar el proyecto?» o «¿No le estamos prestando suficiente atención?». Reformula lo que escuchas hasta que tu interlocutor dé una señal clara de que has logrado expresar con precisión la raíz del problema. Luego orienta tus preguntas a la acción: «¿Cuál crees que sería una buena hoja de ruta para ti?» o «¿Qué deberíamos incluir en el plan para abordar esta inquietud?». A medida que progresáis hacia una solución concreta notarás que la carga emocional disminuye.

Pero ¿qué pasa si no estás en condiciones de incorporar su sugerencia? ¿Y si no es buena idea o no resulta viable? En ese caso, sé trasparente. Por ejemplo, si alguien plantea una preocupación importante, pero la solución que aporta es poco realista, podrías decir: «Me alegra que hayas planteado ese tema. No podemos aplicar esta solución, pero al menos ahora somos conscientes del riesgo que estamos asumiendo». En la mayoría de los casos, cuando una persona se siente escuchada y comprendida (aunque no se aplique su propuesta), la intensidad emocional disminuye. Si no es así, dale feedback sobre el modo en que sus reacciones emocionales están afectando a su desempeño y a la dinámica del equipo. Las emociones pueden y deben abordarse en una conversación de feedback si es que interfieren con el trabajo.

Cuando lo veas oportuno, saca el tema de las emociones como parte de una conversación más amplia sobre las normas del equipo. Comparte tu perspectiva al respecto e invita al resto a aportar sus propios puntos de vista. Plantéate establecer reglas sobre cómo gestionar las emociones en el seno del equipo o incluir una declaración de conducta relacionada con la gestión emocional como parte de un valor de la compañía, como el respeto mutuo o el trabajo en equipo.

Por último, ten en cuenta que tu forma de gestionar las emociones es el mejor ejemplo de cómo debería hacerlo tu equipo. Por tanto, no reprendas a nadie por expresar sus emociones; y eso incluye las críticas y la evitación. Tampoco «castigues» a quienes provocan una reacción emocional en otras personas. Con demasiada frecuencia veo que alguien plantea una pregunta difícil y profunda, y luego le reprochan que eso generó una respuesta emocional en un colega. Crear miedo o incertidumbre sobre lo que se puede o no se puede preguntar o explorar en el seno del equipo limita la calidad del diálogo y la toma de decisiones. Si la pregunta es especialmente directa, puedes reformularla. Si no, al menos permite que la intervención tenga su espacio, deja que el equipo la procese y luego lleva la conversación hacia un análisis racional.

Tu rol como líder es guiar a tu equipo hacia y a través de las conversaciones más complejas y delicadas que afronta la empresa. Si percibes dudas o temor respecto a un tema difícil, tranquiliza al grupo recordándoles que abordar el asunto es necesario para lograr una solución. Marca el tono desde el principio: la conversación podría tornarse emocional, y eso está bien; el grupo seguirá avanzando hasta encontrar la mejor solución. Formula con tacto las preguntas que permitan abrir el diálogo. Luego, cuando el terreno se vuelva pantanoso, conduce al equipo por el mejor camino posible. En muchos grupos de trabajo se evita el conflicto por miedo a generar «drama». Enséñales, pues, a canalizar las emociones de forma constructiva para mejorar la calidad de las decisiones, fortalecer la confianza y la conexión entre los miembros del equipo, y lograr que cada persona se sienta escuchada y comprendida.

LIANE DAVEY es asesora en eficacia de equipos y conferenciante profesional. Es autora de *The Good Fight* y *You First*, y coautora de *Leadership Solutions*. Puedes hacerle tus comentarios y preguntas en LinkedIn.

Reeditado del contenido publicado en hbr.org
el 23 de diciembre de 2019 (producto #H05C1J).

Índice

Gracias

REM*life*